Da Jesus & seine Hawara

	mand, der einem in den Rücken fällt
wem d Wa'ln *fiaririchdn*	jemanden auf Vordermann bringen, die Hammelbeine langziehen
in wäratn	währenddessen
Waumpm	Bauch
Wauwau	(auch:) der Schwarze Mann, Schreckfigur; Sündenbock, Buhmann
wegbuzzn	(auch:) aufessen, austrinken
Weidling	große Schüssel (meist aus Metall)
in Weisl *geem*	den Laufpaß geben
in d Wiaschd *kuman*	bestraft werden
Wiaschdl	unmaßgebliche Person; Tölpel
do gibz kane Wiaschdln	hier gibt es kein Erbarmen, keine Ausflüchte
in Wiglwogl *sei*	unentschlossen sein, schwanken
a gmaade Wiisn	leichte Beute; Problem, das sich von selbst erledigt
Wikl	Streit
wikln	(auch:) essen
Wöd- *(in Zusammensetzungen)*	sehr gut, prächtig
Woez	Tour, Reise, Wanderung
a Wossa *mochn*	viel Aufhebens machen
wualn	wimmeln
wem in Wuaschdl *mochn (schbün)*	eine Show abziehen; jemandes Hofnarr sein ; sich für jemanden exponieren
s Wüde *oweraaman*	den Schneid abkaufen
wuzln	drehen, drillen; drängeln

X

xakld	(meist: gut oder feierlich) gekleidet
Xazzl	Strophe, Absatz; Merkspruch, Kernsatz
si wos ins Xichd *schdessn*	trinken, essen
s Xichd *schlofd an ei*	langweilig, ohne Saft und Kraft sein

Z

zaumbekn	zerhacken, zerkleinern
zaumbempan	pfuschen
zaumdraan	tun, machen, anstellen
zaumfaungan	um sich versammeln
zaumghaazd	dick befreundet
s zaumhoedn	den Mund halten
zaus	zu, nach Hause
si zbean	lachen, verlachen
zdiidschn	zerschlagen, zerteppern
zdreamsln	zerreißen, zerstückeln
zeidlich	reif

si zfraunzn	sich alle erdenkliche Mühe geben
zmeaschan	zerschlagen, zerstoßen, vernichten
Zniachdl	schmächtiger Mensch
zriwen	zerreiben, abscheuern
Zün	Boot
wem zuwegräun	sich jemandem nähern; jemanden behelligen
wem zuweschdeing	jemandem nahetreten
zuzln	saugen
Zweifescheissa	Zweifler
seine sim Zwetschgn	seine Habe

Wolfgang Teuschl

Da Jesus & seine Hawara

Das Neue Testament im Wiener Dialekt

Verlag Karl Schwarzer

5., überarbeitete und erweiterte Auflage

Schutzumschlag: Beate Dorfinger
Graphische Gestaltung: Dorfinger / Klapetz / Schwarzer
Herstellung: Peter Löw
Satz: RSB, Wien
Druck und Bindung: Niederösterreichisches Pressehaus, St. Pölten

Printed in Austria

ISBN 3-900392-01-3

Für die freundliche Genehmigung
zum auszugsweisen Abdruck des Neuen Testaments
ist dem Verlag Herder KG, Freiburg im Breisgau,
zu danken

Inhalt

IV DIE GLEICHNISREDEN/WIA R A EANA MI N SCHMÄÄ D WA'LN FIARIGRICHT HOD

V JESUS IN GALILÄA/WOS A DAHAAM IN GALILÄA AUFGFIAD HOD

Hans Weigel

Versuch einer Teuschl-Laudatio

I sog eich: I bin fian Teuschl sei Iwasezung!

Ich hab' im Jahr 1971 über ihn und sie geschrieben und möchte das zunächst hier wiederholen, weil ich immer noch dieser Meinung bin, weil ich das Damalige also heute eh wieder schreiben tät', und es, wenn ich's anders formulieren tät' als damals, davon nicht besser werden tät'. Außerdem hat's damals eh niemand gelesen, und wenn doch, hat er's inzwischen vergessen:

Seinen Namen kenne ich vom Zurückblättern. Bei der Lektüre übersetzter Texte frage ich mich früher oder später „Wer hat das übersetzt?", entweder weil sie so gut oder weil sie so schlecht übersetzt sind, und suche ganz vorne im Buch den Namen des Übersetzers.
Auf diese Weise war Wolfgang A. Teuschl mir zunächst als guter Übersetzer aus mehreren Sprachen aufgefallen.
Dann hörte ich „Er hat die Bibel ins Wienerische übersetzt" und wurde, lange vor der Fertigstellung der Arbeit, zu einer privaten Vorlesung gebeten. Ich war skeptisch und mußte mir meine Bedenken ausreden lassen. Dann hörte ich ihn aus seinem Manuskript vorlesen. Und seither rede ich unermüdlich anderen Skeptikern ihre Bedenken aus.
Wir danken dem Dr. Martin Luther unsere bis heute gültige Schriftsprache, aber dabei ist das Malheur passiert, daß diese gehobene Sprache just mit einem Text verbunden ist, der vom Volk und für das Volk erzählt.
Man dankt Teuschl für seine Übersetzung unter anderem aus diesem Grund: Rückführung der Bibel aus der sprachlich gehobenen Sphäre. Doch auch sonst ist es in mehrfacher Hinsicht anregend auf höchster Ebene, Teuschls Evangelien-Text zu lesen; ihn zu hören, öffnet eine zusätzliche Dimension der Anregung . . .

Ich habe damals nicht nur Bedenken ausgeredet, sondern zu der Publi-

kation zugeredet. Und ein Verlag hat angebissen. Und hatte es nicht zu bereuen.
Aber, wie's schon so geht mit den Büchern in unserer gottverlassenen Konsumerei: Es ist zwar noch immer eine Kunst, ein Buch in den Buchhandel zu bringen, es ist eine noch größere Kunst, mit einem Buch Erfolg zu haben – die größte Kunst aber, das, was kaum jemand zusammenbringt, ist es, mit einem Buch im Buchhandel anwesend zu bleiben. Es ergeht den Büchern wie den Modefarben der Damenstrümpfe oder den Bikinimodellen. Ein Artikel sagt Ihnen zu, aber versuchen Sie einmal, im nächsten Jahr diese Farbe oder dieses Modell zu bekommen! Bei den Strümpfen und Bikinis ist das nur ärgerlich; bei den Büchern ist es schändlich und lebensgefährlich.
Teuschls Buch hatte anno 1971 Erfolg. Drei Auflagen wurden verkauft. Aber nach 1972 war das Buch weg vom Schaufenster.
Eine Vier-Schilling-Marke müßte man geschrieben haben! Die wird unverdrossen nachgedruckt.

Wenn nun eine kleine Portion der großen Verleger-Kollektivschuld gutgemacht wird, muß man dem Autor gratulieren und vor dem Verleger eine Verbeugung machen.
Denn hier ist die Wiedergeburt eines Sozusagen-Klassikers zu begrüßen, der auch durch die Schallplatte mit dem großartigen Kurt Sowinetz (Ist sie noch zu haben? Ich trau' mich nicht zu fragen!) die Probe auf Wirksamkeit bestanden hat.
Die Mundart, damals vielleicht noch in einem Frühstadium, ist seither in die Breite gegangen, sie ist nicht mehr neu und nicht mehr umstritten, ihr Vorhandensein in der Literatur und in der Unterhaltung fällt, wie sich's gehört, einmal weniger gut und einmal besser aus.
Teuschls Bibel ist besser ausgefallen.
Sie ist eine faszinierende Begegnung mit dem erhabenen Text, den sie durch Verfremdung neu und unmittelbarer erleben läßt; sie scheint mir auch theologisch bedeutsam, weil sie die zur Gewohnheit gewordenen biblischen Geschichten aus der Selbstverständlichkeit erlöst und uns zum Mit- und Nachdenken zwingt.
Sie ist auch ein Beitrag zur Literarisierung und Stärkung der Mundart. In einer Zeit, in der die gedruckte und geschriebene und gesprochene Sprache degeneriert, muß die Mundart lebendig bleiben und gestärkt werden. Dabei vermag ihr Teuschls Bibel zu helfen.
In diesem Sinn: Wie sagt man „toi toi toi" auf wienerisch?

August 1981 *Hans Weigel*

WARUMWIESOWESHALB

Vorbemerkungen des Autors –
zehn Jahre danach

Jesus Dialekt sprechen lassen – eine Blasphemie?
Jesus hat Dialekt gesprochen. Aramäisch. Seine Zuhörer waren Fischer, Handwerker, Bauern: einfache Leute, deren letzte Bastion gegen soziale und lokale Herrschaftsansprüche oft die scheinbar anarchische Reglementlosigkeit der Mundart ist. Mundart läßt sich nicht bevormunden. Mundart setzt der Bildung Bildhaftigkeit entgegen, dem Pathos Skepsis. Sie verbirgt ihr Herz hinter Deftigkeit und Zynismus – aber sie hat wenigstens eines zu verbergen.

Die Apostel als „Hawara" – eine Blasphemie?
„Hawara" kommt vom hebräischen „chawer", d. h. Genosse, Gefährte. Und es ist recht wahrscheinlich, daß Jesus seine Jünger „chawerim" genannt hat (sagte mir ein Theologieprofessor).

Die Gleichnisse als „Schmää" – eine Blasphemie?
Das Wesen des Schmähs im Wienerischen besteht darin, etwas nicht geradeheraus zu sagen, sondern auf dem Weg von Umschreibungen, Metaphern, Schnurren und Aphorismen. Eben auf dem Weg von Gleichnissen.
Und wer den Bilderreichtum des Orientalischen lobt, sollte den Propheten im eigenen Lande auch gelten lassen.

Jesus als ganz normaler Mensch, der gern „hawad" und „tschechad" und zu anderen im Ärger „gäz scheissn" sagt – eine Blasphemie?
Aber welchen Sinn sollte sonst das Wort „Menschensohn" haben? Und jemand, der vornehmlich vor „Sündern und Zöllnern" spricht (entsprechend den historischen Gegebenheiten also vor „Büücha und Schdrizi"), könnte höchstens Lächerlichkeit ernten, wenn er seine Rede begänne: „Kindlein, liebet einander!" Homerisches Gelächter wäre ein Schmunzler dagegen.

Also: keine Blasphemie? Dafür: Provokation?
Provokation, um Aufmerksamkeit zu erregen, um Erfolg zu haben?
Wahrlich, ich sage euch: Hätte ich provozieren wollen, hätte ich verspotten wollen, wären dem Dialekt und mir noch ganz andere Möglichkeiten zur Verfügung gestanden. Allein schon durch die merkwürdigerweise immer noch stark provokative Kraft des dialektalen Fäkal- und Sexualbereichs.
(Diesen Bereich gänzlich auszusparen wäre allerdings wiederum Verlogenheit.)

Wenn also ein Jesus, der mit Kraftausdrücken gegebenenfalls nicht spart, zwar keine Blasphemie und keine Provokation ist, so ist er doch sicherlich eine Verfremdung.
Und Verfremdung hat dort die größte Wirkung, wo die Basis eingefahrene Geleise sind.
Ergo: die Verfremdung von bis zum Überdruß bekannten Bibelworten bewirkt zumindest eine neue Aufmerksamkeit gegenüber den Inhalten; die neue Widerborstigkeit eines Ausspruchs hindert diesen daran, ohne weiteres bei einem Ohr hinein- und beim anderen wieder hinauszugleiten.
Und solches haben die Worte Jesu wohl nicht verdient.

Hier und jetzt muß allerdings Mißverständnissen vorgebeugt werden: Ich gehöre keiner Kirche an, bin irreligiös. Man gestatte mir dennoch, den sozialen und menschlichen Gehalt des Evangeliums faszinierend zu finden, so faszinierend, daß ich mich weigere, ihn den Kirchen allein zu überlassen.
Und ist es denn wirklich so absurd, Respekt vor etwas zu haben, dessen dogmatische Ausprägung man ablehnt?

Den Versuch, Theologie zu betreiben, überlasse ich mit Vergnügen den Theologen. Meine Exegese ist naiv – naiv wie vielleicht die eines durchschnittlichen Zuhörers Jesu.
Ich habe bloß versucht, mir vorzustellen, wie das ganze hier und heute klingen könnte – ohne allerdings die lokalen und historischen Verhältnisse um jeden Preis zu transponieren. Und die Menschen sind sowieso gleich geblieben.

Es gibt immer noch auf der einen Seite die „Sünder und Zöllner", auf der anderen die „Schriftgelehrten und Pharisäer". Deshalb: wenn schon eine „Übersetzung" ins Wienerische, dann kein gemütlich-angepaßtes

„Schönbrunnerisch", sondern widerspenstiger „Beißerspruch". Wenn der Dialekt kein Selbstzweck sein soll, muß er trotz „niedrigster" Abkunft mehr sein als bloß ein Verständigungsmittel für alltägliche Bedürfnisse.
Und siehe da, gerade wo es ins Abstrakte geht, wie z. B. in der Bergpredigt, fühlt er sich am wohlsten.

Das Evangelium ist schließlich schon immer ein Prüfstein, ein historisches Exerzierfeld für die Komplettheit einer Sprache gewesen. Siehe Luther.

Aber ist nicht die hier niedergelegte – „literarische" – Form des Dialekts eine Kunstsprache?
Na klar doch. Jede Sprache in der „Kunst" ist eine Kunstsprache, komprimiert, überhöht, stilisiert, wie sie es im alltäglichen Leben nie ist, nicht einmal im Bereich der Hochkultur. Aber schließlich sucht sich sogar der Dokumentarphotograph seinen Ausschnitt aus der Wirklichkeit willkürlich, „künstlich" aus.
Und wer ein Ziel treffen will, muß bekanntlich höher anvisieren.

„Exerzierfeld", keine „Gemütlichkeit", „Verfremdung" . . . Damit wird die Orthographie der schwammig-wienerischen Heurigenmundart ausgeschlossen.
Die Alternative: den „Spruch" phonetisch zu fassen; mit dem Vorteil, auch den Spaß der Verfremdung, das Aha-Erlebnis beim Enträtseln ungewohnter Schriftbilder zuzulassen.

Phonetische Schreibweise könnte auch bedeuten: die Laute möglichst genau treffen zu wollen. Beispielsweise zu trennen zwischen „Mos" = Maß und „Mos" = Moos; also das Sonderzeichen „å" einzuführen. Doch die Konsequenzen wären unabsehbar. Denn es würden sich unzählige weitere Sonderzeichen aufdrängen – man denke bloß an die Vielfalt der wienerischen Nasallaute.

Ergo: brutale Phonetik auf der Basis der vorhandenen Buchstaben; nötigenfalls auch entgegen jeglicher Etymologie; manchmal sogar verschiedene Schreibweisen desselben Wortes je nach Konjugation oder Satzstellung.
Trotzdem habe ich mich mitunter um der leichteren Lesbarkeit willen zu Kompromissen entschlossen. Auffallendstes Beispiel: das einzige Sonderzeichen, der Apostroph in spezieller Verwendungsform. Weil

einfach das Lesen von „Ma'l" (Madl) weniger irritiert und irreführt als von „Mal", von „Bei'l" weniger als von „Beil".

Schließlich die biblischen Eigennamen: sie der wienerischen Phonetik anzupassen wäre krampfig. Petrus etwa zu „Bädrus" oder „Bäda" oder gar „Maria" zu „Mizzi" umzufunktionieren hieße primitive Scherzhaftigkeit der Achtung vor dem historischen Text vorziehen.

Der historische Text: Einerseits wollte ich ihn respektieren, andererseits möglichst frei von ihm sein. Meine persönliche Lösung war: als Basis das komplette Markus-Evangelium. Weil es das früheste, das kürzeste, das schlichteste, das am wenigsten voraussetzende ist, und vor allem, weil es für Heiden geschrieben wurde, denen religiöses Brauchtum extra erklärt werden mußte.

Und warum der komplette Markus? Warum nicht die „faden" Stellen, die mißverständlichen, die für heute nicht maßgeblichen Stellen auslassen? Man hätte „Manipulation" gerufen.

Und warum nicht ausschließlich Markus? Warum Einschübe aus den drei anderen Evangelisten? Ehrlich gesagt: ein Evangelium z. B. ohne die bei Markus fehlende Bergpredigt wäre für mich nur eine halbe Sache. Und über die Willkür, eine Auswahl zu treffen, wenn man eine Synopsis, eine vollständige Geschichte aus den Evangelien machen will, über diese unbequeme Subjektivität kommt auch die sogenannte wissenschaftliche Theologie nicht hinweg.

In der vorliegenden Neuauflage habe ich, um meiner jetzigen Auffassung von „wichtigen" Stellen gerecht zu werden, hinzugefügt:
Besuch der Hirten. Flucht nach Ägypten. Kindermord zu Betlehem. Rückkehr nach Israel. Der verlorene Sohn. Pharisäer und Zöllner. Der barmherzige Samariter. Tod des Judas. Der ungläubige Thomas.
Einige wenige Stellen habe ich auch gegenüber der Erstauflage verändert. Nicht viele allerdings, denn einen vorhandenen Text nach mehr als einem Jahrzehnt zu korrigieren, hieße konsequenterweise, ihn völlig neu zu schreiben.

August 1981
– zehn Jahre nach der ersten Auflage *Wolfgang Teuschl*

I Jesu Kindheit und Jugend

Jesu Geburt

MARKUS 1,1 Anfang der Heilsbotschaft von Jesus, dem Messias, dem Sohn Gottes.

MATTHÄUS 1, 18–21 Mit der Geburt Jesu Christi aber verhielt es sich so: Als seine Mutter Maria mit Joseph verlobt war, fand es sich, ehe sie miteinander lebten, daß sie empfangen hatte vom Heiligen Geiste.
Da aber Joseph, ihr Mann, gerecht war und sie nicht bloßstellen wollte, gedachte er, sie im stillen zu entlassen.

Wia r a nu gaunz jung woa

Wia da Jesus auf d Wöd kuman is

Oesdan, gem ma s au, in Jesus sei Aansabosd, in Christus seine, in Heagod sein Buam seine.
Und zwoa is da Jesus Christus dera Oat auf d Wöd kuman: Sei Mamsch, d Maria, is fahawad gwesn mid an gwissn Joseph; und befua s nu wos ghobd häd mid den, hod sa si aussagschdöd, das s an Gschroppm griagd; nua woa dea fon Häulichn Geisd.
Jezd woa ia Oeda, da Joseph, owa r a Söö fo an Mentschn, und weng den hod a si denkd: Mochsd ka

Während er das überlegte, da erschien ihm ein Engel des Herrn im Traume und sprach zu ihm: „Joseph, Sohn Davids, scheue dich nicht, Maria, deine Frau, zu dir zu nehmen, denn was in ihr gezeugt ist, ist vom Heiligen Geist.
Sie wird einen Sohn gebären, und du sollst ihm den Namen Jesus geben, denn er wird sein Volk von seinen Sünden erlösen."

LUKAS 2,1–7

Es begab sich aber, in jenen Tagen erging ein Erlaß des Kaisers Augustus, den ganzen Erdkreis aufzeichnen zu lassen.
Diese Aufzeichnung war die erste und geschah, als Quirinius Statthalter von Syrien war.
Alle gingen hin, sich aufzeichnen zu lassen, ein jeder in seine Stadt.
Auch Joseph zog von Galiläa aus der Stadt Nazaret hinauf nach Judäa in die Stadt Davids, die Betlehem heißt, weil er aus dem Hause und Geschlechte Davids war,
um sich mit Maria, seiner Verlobten, die schwanger war, eintragen zu lassen.
Während sie dort waren, begab es sich aber, daß sich die Tage vollendeten, da sie gebären sollte.
Und sie gebar ihren Sohn, den Erstgeborenen,

grosss Wossa, wäu s di oweghaud hod, gibsd ia in Weisl gaunz in da Ghaam.
Und dawäu a nu in Wiglwogl woa, wos a mochn soe, hod eam draamd, das a Engl fon Heagod owa segld und zu eam sogd: „Joseph, schau das d dein Aa'l, in David, ka Schaund mochsd; oeso dua da nix au und bleib bikkn bei deina Braud, bei da Maria, wäu dea Baumpalädsch, wos s griagd, den hod ia da Häuliche Geisd gmochd.
An Buam wiad s auf d Wöd bringan; und haassn soe a Jesus, weng den, das a d gaunzn Greanan fo d Leid beegln wiad."
Jezd hod owa grod domoes da Keisa Augustus augschoffd ghobt, das iwaroe genau aufgschriim wiad, wea wo dahaam is und wüfü das s oeso san, wos a unta seina Fuchdl hod.
Des woa s easchdemoe, das sa si des oes in dera Oat ausdiwidiad haum; und zwoa is de gaunze Gschichd bassiad, wia da Quirinius da Owakapo fo gaunz Syrien woa.
Und ole san ausgridn, si an Mödeze'l hoen, a jeda duathii, wo r a hea woa.
Da Joseph hod si aa d Schuach gschmiad und is aus Nazaret oom in Galiläa owe noch Judäa, in David sei Schdod eine, godichkeid noch Betlehem (wäu a nemlich iwa sim Schaffän Eabsn fawaundt woa mi n David und oeso duat zuaschdendich woa),
damid a si midsaumt da Maria, seina Braud, de wos grod kuaz fua n Ausschidn woa, aufschreim lossd.
Und grod wia s duat woan, is s so weid gwesn.
Und si hod ian Buam (ian easchdn Gschroppm) auf d Wöd brochd, und wäu ole Wiadsheisa bumfoe gwesn san

wickelte ihn in Windeln und legte ihn in eine Krippe, weil für sie kein Platz in der Herberge war.

Besuch der Hirten

LUKAS 2,8–18

Und in derselben Gegend waren Hirten auf dem Felde, die Nachtwache hielten bei ihrer Herde.
Da trat ein Engel des Herrn zu ihnen, und die Herrlichkeit des Herrn umstrahlte sie, und sie fürchteten sich sehr.
Der Engel sprach zu ihnen: „Fürchtet euch nicht! Denn siehe, ich verkünde euch eine große Freude, die dem ganzen Volke zuteil werden wird.
Denn heute ist euch in der Stadt Davids ein Heiland geboren, nämlich der Messias, der Herr.
Dies soll euch das Zeichen sein: Ihr werdet ein Kind finden, in Windeln eingewickelt und in einer Krippe liegend."
Plötzlich war bei dem Engel eine Menge himmlischer Heerscharen, die Gott lobten und sprachen:
„Herrlichkeit in den Höhen für Gott und auf Erden Friede den Menschen seiner Huld!"
Und es begab sich, als die Engel von ihnen weg in den Himmel gegangen waren, sprachen die Hirten zueinander: „Laßt uns nach Betlehem

und niagns a Kammal frei woa, hod s eam in a boa Fezzaln eigwikkld und hod eam eineglegd in a so an Schroong, wo ma sunzd fia d Rindfiicha s Hei einelaad.

Wia des mid d Schofhoeda woa

Und in densööm Grezzl woan Schofhoeda draussd, de wos in da Nochd auf eanare Lampän aufbassd haum.
Auf amoe is denen a Engl zuwegschdiing, und oes woa so wunda, wia waun da Heagod söwa rundumadum glaunzad, und do is eana gaunz schee entrisch wuan.
Dea Engl hod xogd zu eana: „No, no, kumz, kumz, i bi ned da Momoo. Fraunk, wos i eich dazöö, is nua leiwaund, und do wean ole wos haum dafoo.
Wäu heit is fia eich in David seina Schdod drin da Messias auf d Wöd kuma, des haassd dea, dea wos eichan gaunzn Mura fo Leem wida auf gleich griagd.
Bassz auf, aun den weaz eam kenan: Ia weaz an Gschroppm fintn, in Fezzn eigwikkld, in an Fuadadroog."
Daun woan doda auf amoe rund um den Engl nu fü mea in dera Oat und woan heagodmessig mi n foen Gschäfd untawex, und zwoa in dera Dua:
„Da Heagod hoch droomad soe hochleem, und d Leid herunt soen si aussesäng midanaunda und mid si söwa, waun sa si mid eam aussasäng."
Und wia daun de gaunzn Engln wida d Fligln ausbraat ghobd haum, aufe in Hime, haum di Schofhoeda gmaand: „Oesdan, hau ma uns noch Betlehem und

gehen und schauen, was geschehen ist und was der Herr uns kundgetan hat."
Sie kamen eilends hin und fanden Maria und Joseph und das Kind, das in der Krippe lag.
Als sie es aber sahen, berichteten sie von dem Wort, das ihnen über dieses Kind gesagt worden war.
Und alle, die es hörten, wunderten sich über das, was ihnen von den Hirten erzählt wurde.

Besuch der drei Weisen

MATTHÄUS 2, 1–12

Als nun Jesus geboren war, zu Betlehem im Lande Juda in den Tagen des Königs Herodes, da kamen Weise aus dem Morgenlande nach Jerusalem
und sagten: „Wo ist der neugeborene König der Juden? Denn wir haben seinen Stern im Aufgehen gesehen und sind gekommen, ihm zu huldigen."
Als der König Herodes das hörte, erschrak er und ganz Jerusalem mit ihm.
Und er ließ alle Hohenpriester und Schriftgelehrten des Volkes zusammenkommen und forschte sie aus, wo der Messias geboren werden solle.

schau ma, wos si duat oogschbüd hod und wos uns da Heagod ausrichdn lossn hod.“
Draufhi haum sa si fole Bosd umelossn und san zua Maria und zan Joseph und zu den Buzzal in da Grippm kuman.
Und wia s des oes xäng haum, haum sa si foe einegschüdad, wos s scho oes fuahea dafo ghead haum.
Und de ole, wos eana zuaghuachd haum, hod s aus da Wesch ghaud iwa des, wos de Schofhoeda dazööd haum.

Wia drei Tschuuschn daheagräun, damid sa si a Bü'l eileng bei eam

Wia da Jesus jezd oeso doda woa (des gaunze is in Betlehem drunt in Judäa bassiad, zu dera Zeid, wo da Herodes senioa grod Kenich gwesn is), san a boa Gschdudiade aus Tschuuschien driim audaunzd.
Und de haum iwaroe nochgwassad: „Wo is n da frischgflakde Kenich fo d Judn? Wäu mia haum an Schdean aufgee xäng, dea wos fia eam do is, und auf des aufe sam ma ausgridn, damid ma si a Bü'l bei eam eileeng.“
Wia da oede Herodes de Gschichd gschbaund hod, san eam gaunz schee d Grausbian aufgschdiing, und in gaunz Jerusalem hod eana da Huad brend.
Oeso hod a si d gaunzn Owapfoffm und Owagneissa fo iwaroe rundumadum hoen lossn und hod s ausgfraadschld, wo n da Messias (des haassd: dea wos s gaunze Bedigrää fo d Leid blaniad) auf d Wöd kuma soetad.

Sie sagten ihm: „In Betlehem im Lande Juda. Denn so steht geschrieben im Propheten:
‚Und du, Betlehem, Land Judas, bist keineswegs die geringste unter den Fürstenstädten Judas, denn aus dir wird der Herrscher hervorgehen, der mein Volk Israel weiden wird.'"

Da rief Herodes die Weisen heimlich zu sich und horchte sie aus, wann ihnen der Stern erschienen sei.
Dann schickte er sie nach Betlehem und sagte: „Ziehet hin und forschet genau nach dem Kinde, und sobald ihr es gefunden habt, laßt es mich wissen, damit auch ich komme und ihm huldige."

Nachdem sie den König angehört hatten, brachen sie auf. Und siehe, der Stern, den sie im Aufgehen gesehen hatten, zog vor ihnen her, bis er ankam und stehenblieb über dem Ort, wo das Kind war.
Als sie aber den Stern erblickten, hatten sie eine überaus große Freude.
Sie traten in das Haus ein und schauten das Kind mit seiner Mutter Maria, fielen nieder und huldigten ihm. Dann öffneten sie ihre Schätze und brachten ihm Geschenke dar, Gold, Weihrauch und Myrrhe.
Und da sie im Traum die Weisung empfingen, nicht zu Herodes zurückzukehren, zogen sie auf einem anderen Weg heim in ihr Land.

Drauf haum de xogd: „In Betlehem in Judäa. Wäu s nemlich in da Biwe haassd:
‚Und du, Betlehem in Juda sein Laund, bisd fraunk ned da lezde Dreg bei d noblichn Kaffs fo Judäa, wäu aus dia wiad dea Jass kuman, dea wos auf meine Leid, auf mei Israel, schaud.'"

Auf des aufe hod da Herodes de Tschuuschn in da Ghaam eiglond und hod s eibrodn, damid s eam dazöön, waun des woa, das s den Schdean daschbeanzld haum. Daun hod a gmaand, si soen noch Betlehem gee, und hod xogd: „Hauz eich iwa d Heisa und schauz, das s aussagriagz, wo des Buzzal is, und waun s as gfuntn hobz, daun sogz ma s, damid i aa woefoatn kau hii."

Und de haum si in Herodes seine Schmää aughuachd und san oogrissn. Und do schau hea: dea Schdean, den wos s fuahea aufgee xäng haum, dea is jezd fua eana hea, bis das a doda woa und si eibremsd hod genau iwa dera Schdö, wo dea Gschropp gwesn is.
Wia s den Schdean oeso wida daschbeanzld haum, haum sa si gfreid wia dreissk nokade Näga,
und daun san s einegräud in des Schdallal und haum si des Buzzal midsaumt seina Mamsch augschaud, haum si aum Bauch ghaud fua eam und haum eam an Seawas owagrissn, dea wos si gwoschn ghobd hod. Daun haum s eanare Bakln und Binkln aufgmochd, wos s midbrochd haum, und haum eam lauta schene Sochn gschenkd: Goed, Weirauch und an Bafäu.
Und wäu eana nocha draamd hod, das s liawa ned zruk soen zu den oedn Schmäädandla fo an Herodes, san s hoed auf ana aundan Schdrossn, iwa d Schreamsn, haam.

Die Flucht nach Ägypten und der Kindermord in Betlehem

MATTHÄUS 2, 13–16

Nachdem sie aufgebrochen waren, siehe, da erschien ein Engel des Herrn dem Joseph im Traume und sprach: „Steh auf, nimm das Kind und seine Mutter und flieh nach Ägypten und bleibe dort, bis ich es dir sage, denn Herodes will nach dem Kind suchen, um es zu töten."
Da stand er auf, nahm des Nachts das Kind und seine Mutter und floh nach Ägypten
und blieb dort bis zum Tode des Herodes. So sollte das Wort in Erfüllung gehen, das der Herr durch den Propheten gesprochen hat:
„Aus Ägypten habe ich meinen Sohn gerufen."
Als Herodes sich nun von den Weisen hintergangen sah, geriet er in heftigen Zorn, sandte hin und ließ in Betlehem und seiner ganzen Umgebung alle Knaben im Alter von zwei Jahren und darunter töten, der Zeit entsprechend, nach der er die Weisen ausgeforscht hatte.

MATTHÄUS 2, 19–21

Als aber Herodes gestorben war, siehe, da erschien dem Joseph in Ägypten ein Engel des Herrn im Traum
und sprach: „Steh auf, nimm das Kind und seine Mutter und ziehe in das Land Israel, denn die dem Kinde nach dem Leben strebten, sind gestorben."
Da stand er auf, nahm das Kind und seine Mutter und zog in das Land Israel.

Wia s oogrissn san noch Ägypten, dawäu dahaam d Gschroppm haamdraad wuan san

Und wia si de daun iwa d Heisa ghaud ghobd haum, heasd, do hod da in Joseph draamd, das a Engl zu eam sogd: „Schdä auf, schnap des Buzzal zaumd da Muada und bäulesia noch Ägypten, und duatn bleib bikkn, bis das i da s sog. Wäu da Herodes wassad den Gschroppm iwaroe noch, damid a n haamdraad.“
Drauf is a aufgräud, hod mittn in da Nochd den Baumpalädsch und de Muada fuatzaad und is noch Ägypten in Butta gaungan,
und duat is a bliim, bis das da Herodes di Schlapfm aufgschdöd hod.
Auf de Oat is des woa wuan, wos brofezeid wuan is: „I hob mein Buam aus Ägypten gruafm.“
Wia jezd da Herodes oogneissd hod, das eam de tschuuschischn Gschdudiadn auf d Saaf schdeing lossn haum, is a xund in Sofd gaungan, und ea hod augschoffd, das in Betlehem und in da Geengd umadum ole glaan Buam oogmaxld wean, wo nu kane zwa Joa san, wäu des Oeta hod a si noch de Mödungan fo denan schwoaze Dokta ausdiwidiad.

Wia owa da Herodes maukas gaungan woa, mei Liawa, do hod in Joseph driim in Ägypten wida fo an Engl draamd,
und dea hod xogd: „Bok di zaum, nimm den Baums und di Mamsch dazua und bress di haam noch Israel, wäu de Gfriisa, wos den Gschroppm oogragln woen haum, de haum söwa a Bangl gmochd.“
Drauf is a auf, hod de zwa gnuma und is noch Israel ume.

Jesus unter den Lehrern

LUKAS 2,40–52

Das Kind aber wuchs und erstarkte in der Fülle der Weisheit, und Gottes Gnade war auf ihm.
Und seine Eltern zogen jedes Jahr am Osterfeste nach Jerusalem.
Und als er zwölf Jahre alt war, gingen sie der Festsitte gemäß hinauf.
Als die Tage vorüber waren und sie wieder heimkehrten, blieb der Knabe Jesus in Jerusalem, und seine Eltern wußten es nicht.
In der Meinung, er sei bei der Reisegesellschaft, gingen sie eine Tagereise weit und suchten ihn unter den Verwandten und Bekannten;
da sie ihn nicht fanden, kehrten sie nach Jerusalem zurück und suchten ihn.
Und es begab sich, nach drei Tagen fanden sie ihn im Tempel, wie er mitten unter den Lehrern saß, ihnen zuhörte und sie fragte.
Es staunten aber alle, die ihn hörten, über seine Einsicht und seine Antworten.
Und da sie ihn erblickten, waren sie fassungslos, und seine Mutter sagte zu ihm: „Kind, warum hast du uns das angetan? Siehe, dein Vater und ich suchen dich mit Schmerzen."
Und er sprach zu ihnen: „Warum habt ihr mich gesucht? Wußtet ihr nicht, daß ich in dem sein muß, was meines Vaters ist?"

Wia da Jesus oesa glana Bua mit d Gschdudiadn gredt hod

Und da Glane is gwoxn und hod si sauwa aussagmausad, und da Heagod hod gschaud auf eam. Und seine Oedn san jeds Joa zu Oosdan noch Jerusalem eine ghaadschd.
Wia r a jezd zwöf Joa oed woa, is a aa mid, wia sa si ghead hod.
Und wia nocha duat wida oogjankad wuan is und ole san zausgaungan, is da glane Jesus in Jerusalem bikkn bliim, und seine Oedn haum s ned iwanosad.
De haum si nemlich eibüdt, ea is ä mid mid dera Batii, mid dea s zoong san, und weng den san s a schene Leng maschiad und haum eam daun easchd iwaroe bei eanare Fawaundtn und Hawara xuachd;
wäu s n owa niagns gfuntn haum, san s zruk noch Jerusalem und haum duat nochgwassad.
Drei Dog laung haum s oes oogrosd; und schau di au: in Dempe drin haum s eam daun darennd. Duat is a mitn zwischn d gaunzn Gschdudiadn knozd, hod eana zuaghuachd und hod s ausgfraadschld.
Und ole, wos rundumadum glaand san, woan gaunz baff, wäu dea Gschropp so gscheit woa und oes so unhaamlich gneissd hod.
Wia s eam jezd oeso daschbeanzld haum, is eana d Lod owegfoen, und d Maria hod zu eam xogd: „Wia kausd uns n sowos auduan, Buali? Schau, dei Bapsch und i, mia gengan scho in Graas, wäu ma di ned fintn."
Drauf hod a xogd: „Wos suachz mi n aa? Hobz leichd ned gschbaund, das i duat sei muas, wo mei Foda Hea in Haus is?"

Und sie verstanden das Wort nicht, das er zu ihnen sprach.
Und er ging mit ihnen hinab und kam nach Nazaret und war ihnen untertan. Seine Mutter bewahrte alle diese Worte in ihrem Herzen.
Und Jesus nahm zu an Weisheit und Alter und Gnade vor Gott und den Menschen.

Johannes der Täufer

MARKUS 1,2–8

Wie beim Propheten Jesaja geschrieben steht: „Siehe, ich sende meinen Boten vor dir her, er wird den Weg vor dir bereiten.
Stimme eines Rufenden in der Wüste: Bereitet den Weg des Herrn, macht seine Straßen eben."
(So) trat Johannes der Täufer in der Wüste auf und verkündete eine Taufe der Umkehr zur Vergebung der Sünden.
Und das ganze jüdische Land zog zu ihm hinaus, und alle Bewohner Jerusalems, und ließen sich von ihm im Jordanfluß taufen und bekannten dabei ihre Sünden.
Johannes war gekleidet mit Kamelhaaren und nährte sich von Heuschrecken und wildem Honig.
Und er predigte: „Nach mir kommt, der stärker ist als ich; ich bin nicht wert, mich niederzubükken und seine Schuhriemen zu lösen.

Owa de haum de Mödung ned iwarissn, wos a do aussagschoom hod.
Daun is a mid eana noch Nazaret aufe und hod eana sche braf gfoegd. Und sei Mamsch hod si oes gmeakd, wos a xogd und dau hod.
Und ea is imma grässa und gscheida wuan, und da Heagod und d Leid san oewäu mea auf eam gschdauntn.

Da Johannes, dea wos d Leid daufd hod

Jezd haassz owa scho bei n Jesaias in da Biwe: „Schau, i schik da mein Engl furaus, das a da d Rutschn legd." Und: „In da Aaschichd draussd schdäd ana und blead: ‚Legz a Rutschn fia n Heagod, blaniaz eam s Drottoaa!'"
Und dera Oat woa da Johannes fraunk draussd in da Aaschichd und hod daufd und hod gschüdad iwa d Dauf, damid d Leid des wida guad mochn, wos s Unguads zaumdraad haum, und damid oes beegld wiad, wos s ausgfressn haum.
Und ole san s ausse zu eam fon gaunzn jidischn Grund und aus Jerusalem und haum si daufm lossn fo eam in Jordan und haum bei eam ooglegd, wos s fia Linke zaumdraad haum.
Da Johannes hod a Schoen aus Kamööhoa aughobd und an ledanan Giatl um an Bauch, und ghawad hod a, wia ma so sogd, z Mitog an Grüü und auf d Nochd d Haxn; und wia r a so gredt hod, hod a xogd: „Noch mia kumd ana, geng den bin i a Wää; do waa i ned amoe guad gnua, das im mi fua eam aum Bauch hau und eam d Schuachbandln aufmoch.

Ich habe euch mit Wasser getauft, er aber wird euch mit Heiligem Geiste taufen."

Die Taufe Jesu

MARKUS 1,9–11

Und in jenen Tagen kam Jesus von Nazaret in Galiläa und ließ sich im Jordan von Johannes taufen.
Und sobald er aus dem Wasser heraufstieg, sah er die Himmel sich zerreißen und den Geist wie eine Taube auf sich herabschweben.
Und eine Stimme (erscholl) von den Himmeln: „Du bist mein geliebter Sohn, an dir habe ich Wohlgefallen."

Die Versuchung in der Wüste

MARKUS 1,12–13

Und sofort trieb ihn der Geist hinaus in die Wüste.
Vierzig Tage lang war er in der Wüste und wurde vom Satan versucht. Mit den wilden Tieren war er zusammen. Und die Engel dienten ihm.

I dauf eich mi n ledichn Wossa; owa dea wiad eich mi n Häulichn Geisd daufm."

Wia da Jesus söwa daufd wuan is

No, und dera Wäu is da Jesus aus Nazaret in Galiläa eigridn und hod si fon Johannes in Jordan daufm lossn.
Wia r a nocha wida aussagräud is aus n Wossa, hod ma xäng, wia da Hime ausanaundagäd, und da Häuliche Geisd is wia r a Dauwal owaxegld zu eam.
Und fo da Hää owa hod ma ghead: „Du bisd mei liawa Bua, auf di schdä i!"

Wia da Deife in Jesus in da Aaschichd draussd darenan wü

Ned fü schbeda hod in Jesus da Rappe bokd, und ea is aa ausse in d Aaschichd.
Duat is a fiazk Dog bliim. In dera Zeid hod da Deife browiad, ow a n ned eikochn kentad, owa do is a aum Daumpfa gfoan. Und da Jesus hod si mid d wüdn Fiicha zaumghaazd, und d Engaln haum eam in Schani gmochd.

II Beginn seines Wirkens

Jesus beginnt zu predigen

MARKUS 1,14–15

Und nachdem Johannes überliefert war, kam Jesus nach Galiläa und verkündete die Heilsbotschaft Gottes,
indem er sprach: „Die Zeit ist erfüllt, und das Reich Gottes ist nahegekommen. Kehret um und glaubt an die Heilsbotschaft.“

Wia r a augfaugnd hod zaang, wea r a is

Da Jesus faungd au zan Schüdan

Wia s nocha in Johannes eignaad ghobd haum, is da Jesus noch Galiläa ume und hod duat gschüdad iwa n Heagod, und wos dea gean wü.
Und ea hod xogd: „Jezd is s so weid, jezd gschiachd des, wos da Heagod wü. Weng den schauz, das s eichare Heefmschdikln oobei'lds und hoedz eich aun d Aansabosd, wia s as fo mia heaz."

Die ersten vier Jünger

MARKUS 1,16–20

Und als er am Ufer des galiläischen Sees entlangging, sah er Simon und Andreas, den Bruder des Simon, das Netz im See auswerfen. Sie waren nämlich Fischer.
Da sprach Jesus zu ihnen: „Kommt, mir nach. Ich will euch zu Menschenfischern machen."
Und sofort verließen sie ihre Netze und folgten ihm nach.
Als er ein wenig weiterging, sah er Jakobus, den Sohn des Zebedäus, und dessen Bruder Johannes, auch sie im Boot, wie sie gerade ihre Netze ausbesserten. Und sogleich rief er sie.
Da ließen sie ihren Vater Zebedäus mit den Taglöhnern im Boot und gingen weg, ihm nach.

Die Hochzeit zu Kana

JOHANNES 2, 1–11

Und am dritten Tage fand eine Hochzeit statt zu Kana in Galiläa, und die Mutter Jesu war auch dort.
Auch Jesus und seine Jünger waren zur Hochzeit eingeladen.
Als nun der Wein ausging, sagte die Mutter Jesu zu ihm: „Sie haben keinen Wein mehr."
Jesus sagt zu ihr: „Was willst du von mir, Frau? Meine Stunde ist noch nicht gekommen."
Da sagt seine Mutter zu den Dienern: „Alles, was er euch sagt, das tut."

Wia si da Jesus seine Easchdn fia Hawara aufreissd

Und wia r a amoe bei n Sää draussd umadumschdrawanzd is, hod a in Simon und sein Bruadan, in Andreas, droffm; de haum duat grod eanare Nezz ins Wossa eineghengd. De woan nemlich Fischa.
Und da Jesus hod zu eana xogd: „Kumz mid, i bring eich bei, wia ma Leid fischn duad."
Auf des aufe haum s in Huad auf eanare Nezz ghaud und san midkuma.
A Schdikl weida hod a in Jakobus, in Zebedäus sein Buam, xäng und den sein Bruadan, in Johannes, wia s in eanara Zün aun an Nezz umadumgschuasdad haum; hod a s aa heagwachld.
Und de haum eanan Oedn, in Zebedäus, midsaumt seine Barawara laana lossn auf den Schinakl und san hinta eam noche.

Wia in Kana a Hochzeid woa

Aum nexdn Dog woa aum Laund draussd, in Kana, a Hochzeid. In Jesus sei Mamsch hod aa wos z duan ghobd duat.
Und da Jesus woa midsaumt seine Hawara eiglond.
Und wia nocha da gaunze Wei fabuzzd gwesn is, pfiat di God, Lakkal, hod d Maria zan Jesus xogd: „Du, de haum nix mea zan Tschechan!"
Drauf da Jesus: „No und? Wos hausd n weng den mi au, Mamsch? I bi nu ned so weid."
Owa d Maria hod eam des ned oognuma, und weng den

Es waren aber dort sechs steinerne Wasserkrüge aufgestellt für die bei den Juden übliche Reinigung; sie faßten je zwei bis drei Maß.
Jesus sagt zu ihnen: „Füllet die Krüge mit Wasser." Und sie füllten sie bis zum Rand.
Da sagt er zu ihnen: „Schöpfet jetzt und bringet es dem Speisemeister." Und sie brachten es ihm.
Als aber der Speisemeister von dem zu Wein gewordenen Wasser gekostet hatte und nicht wußte, woher er kam – die Diener aber, die das Wasser geschöpft hatten, wußten es –, da rief der Speisemeister den Bräutigam herbei
und sagte zu ihm: „Jedermann setzt zuerst den guten Wein vor, und wenn sie trunken sind, den geringeren. Du hast den guten Wein bis jetzt aufgehoben."
Diesen Anfang der Zeichen machte Jesus zu Kana in Galiläa und offenbarte seine Herrlichkeit, und seine Jünger glaubten an ihn.

Jesus lehrt in Kapharnaum und heilt einen Besessenen

MARKUS 1,21–28

Sie gingen nach Kapharnaum hinein, und gleich am Sabbat ging er in die Synagoge und lehrte.

hod s xogd zu de Binkln, wos duat seawiad haum: „Duaz, wo a eich schoffd!"
Jezd san duat owa sex schdaanane Biidschn fia s Wossa gschdauntn, damid si d Leid d Pfodn ooschwaam kenan, wia s bei d Judn da Gheadsi woa; a schene boa Lita wean in a jede einegaungan sei.
Und da Jesus hod xogd: „Füüz de Kau'ln au mid Wossa." Und d Binkln haum s bla'lfoe augfüüd.
Daun hod a augschoffd: „Und jezd nemz an Schepfleffe foe und lossz in Kölamaasda gustian." Oesdan, haum s den a Lakkal brochd.
Wia da Kölamaasda owa des Wossa kost hod, wos in wäratn a Wei wuan is, und wäu a jo ned schmekn kenan hod, fo wo das s kumd (d Binkln mi n Schepfleffe haum so scho gwussd, ä gloa), hod a si in Breitegam ruafm lossn und hod eam s Scheazl owagrissn: „Heasd, sei ma ned baasch, owa a jeda, dea wos a bisl a Hian in Schä'l hod, lossd zeaschd amoe in Gumpoeds auffoan, und daun, waun s ä scho ole in Öö san, haud a r eana in Brinnaschdrassla zuwe. Und du Wää hebsd da s guade Drepfal zan Schlus auf!"
Dera Oat hod da Jesus in Kana, draussd in Galiläa, zan easchdnmoe wos Iwanatialix zaumdraad und hod zaagd, wea r a is, und seine Hawara san gschdauntn auf eam.

Drin in Kapharnaum; da Jesus jaukd an Deife aus

Daun san s ole zaum noch Kapharnaum. Hod ned laung dauad, is a jedn Schabbes in Dempe maschiad und hod si duat ausgschüdad.

Da staunten sie über seine Lehre; denn er lehrte sie wie einer, der Macht hat, und nicht wie die Schriftgelehrten.
Da war gleich in ihrer Synagoge ein Mann mit unreinem Geist, er schrie auf
und sagte: „Was willst du von uns, Jesus von Nazaret? Bist du gekommen, um uns zu vernichten? Ich weiß, wer du bist: der Heilige Gottes."
Da fuhr ihn Jesus an und sprach: „Schweig und fahre aus von ihm."
Da riß ihn der unreine Geist hin und her und schrie mit lauter Stimme und fuhr von ihm aus.
Da erstaunten alle und stritten untereinander und sagten: „Was ist das? Eine neue Lehre voll Macht. Sogar den unreinen Geistern befiehlt er, und sie gehorchen ihm."
Und die Kunde von ihm drang bald überallhin in die ganze Umgegend von Galiläa.

Zahlreiche Heilungen

MARKUS 1,29–34

Und sobald er die Synagoge verlassen hatte, ging er in das Haus des Simon und Andreas, zusammen mit Jakobus und Johannes.
Die Schwiegermutter des Simon aber lag an einem Fieber darnieder. Und gleich erzählten sie ihm von ihr.
Da ging er zu ihr, nahm sie bei der Hand und

Wie eam d Leid jezd so redn ghead haum, san eana d Käx kuman, wäu s glei gmeakd haum: dea hod an Aufdrog, dea dazööd ned a so an Hola wia d Biwegneissa, wo an s Xichd eischlofd.
Und in den Dempe woa r a Schwindlicha, dea hod blead wia r a augschdochane Sau, wäu da Deife in eam gwuald hod;
und dea hod xogd: „Hoetaus, wo gäsd uns n du au, Jesus aus Nazaret? Bisd kuman, damiz d uns auf d Saaf schdeing lossd, wos? I waas s ä scho, wea sd bisd: a Häulicha fon Heagod oom!"
Owa da Jesus hod eam glei s Wüde owagramd und hod xogd: „Hoed s zaum! Reis oo aus eam, Deife!"
Und da Deife hod den Narischn bei'ld, hod an Blera gmochd, das oes gschewad hod, und is ausgfoan aus eam.
Jezd haum sa si nimma aussaxäng, und ana hod in aundan gfrogd: „Hä, wos is n des? Wos san des fia neiche Schmää? Dea schoffd mid d Deifän umadum, und de barian!"
Und iwa jo und naa haum sa si in gaunz Galiläa d Goschn zrissn iwa eam.

Ole meglichn Leid wean wida xund

Nocha san s aus n Dempe ausse und san ole (da Jakobus und da Johannes aa) zan Simon und Andreas zaus gaungan.
D Schwigamuada fon Simon is domoes grod uandlich auf da Dakn gleng, a bozzn Fiwa hod s ghobd; und glei haum s eam fo ia dazööd.
Oesdan, is a zu ira Hapfm hii, hod s bei n Eame gnuman

richtete sie auf. Da verließ sie das Fieber, und sie bediente sie.
Als es aber Abend geworden war, nach Sonnenuntergang, brachte man alle Kranken und Besessenen zu ihm.
Die ganze Stadt war an der Türe versammelt.
Und er heilte viele, die an Krankheiten aller Art litten, und trieb viele Dämonen aus. Dabei ließ er die Dämonen nicht sagen, daß sie ihn kannten.

Jesus verläßt heimlich Kapharnaum und wandert durch Galiläa

MARKUS 1,35–39

In der Frühe, als es noch Nacht war, erhob er sich, ging weg und begab sich an einen einsamen Ort. Dort betete er.
Simon und seine Gefährten eilten ihm nach, fanden ihn und sprachen zu ihm: „Alle suchen dich."
Da sprach er zu ihnen: „Laßt uns anderswohin gehen, in die umliegenden Ortschaften, damit ich auch dort predige; denn dazu bin ich ausgegangen."
Und er wanderte umher, predigte in ihren Synagogen in ganz Galiläa und trieb die Dämonen aus.

Heilung eines Aussätzigen

MARKUS 1,40–45

Und es kam ein Aussätziger zu ihm und bat ihn

und aufxezzd, und sofuat hod sa si dafaungd. Auf des aufe hod s eana oen in Schani gschbüd.
Auf d Nochd owa, wia s scho finsta woa, haum s lauta Marode und Haadschade und Audridschgade zu eam zaad.
Und d gaunze Schdod hod si fua da Dia daschdessn.
Und ea hod an Haufm Marode und Bediinde xund gmochd und hod massnhofd Deifän ausgjaukd, und de Deifän woan gaunz mäuschdad, wäu s eam scho kend haum.

Da Jesus faroed si und schdrawanzd umadum

In da Frua, befua s liachd wuan is, is a aufgräud und hod si ooxäud. In d Ghaam is a ausse, da Jesus, und duat hod a bät.
Und da Simon und seine aundan Hawara san eam noch.
Und wia s n darennd haum, haum s xogd: „Heasd, de suachn di scho ole!"
Drauf da Jesus: „Schiam ma oo in a aundas Kaff, damid i duat aa meine Sochn dazöö. Wäu weng den bin i jo iwahaupd ausgridn."
Und ea hod in gaunz Galiläa in d Dempän gschüdad und hod Deifän ausgjaukd.

Wia da Jesus an d Grezzn oweraamd

Amoe is ana audaunzd, dea hod d Grezzn ghobd. Und dea hod eam auf d Knia auxempad und hod benzd:

kniefällig: „Wenn du willst, kannst du mich rein machen."
Da streckte er, von Mitleid ergriffen, seine Hand aus, berührte ihn und sprach zu ihm: „Ich will, sei rein."
Und sofort wich der Aussatz von ihm, und er wurde rein.
Aber Jesus fuhr ihn heftig an und jagte ihn gleich fort
und sagte zu ihm: „Hüte dich, jemandem etwas davon zu sagen, sondern geh, zeige dich dem Priester und bringe für deine Reinigung dar, was Mose vorgeschrieben hat, zum Zeugnis für sie."
Der aber ging weg und fing an, die Geschichte mit Eifer bekanntzumachen und herumzureden. So konnte er nicht mehr öffentlich in eine Stadt gehen, sondern hielt sich draußen an einsamen Orten auf. Aber die Leute kamen von überallher zu ihm.

Heilung eines Gelähmten

MARKUS 2,1–12

Und als er nach Tagen wieder nach Kapharnaum kam, wurde bekannt, daß er zu Hause sei.
Da strömten viele zusammen, so daß nicht einmal vor der Türe Platz war. Und er sprach zu ihnen das Wort.
Da kamen Leute und brachten einen Gelähmten zu ihm, der von vieren getragen wurde.

„Du brauchazd as nua woen und kentazd ma d Grezzn oweraaman.“
Jezd hod si da Jesus daboamd; is a eam oeso mid seina Haund driwagfoan und hod xogd: „No, fo mia r aus. Soesd xund sei!“
Und glei woa de Grezzn bäule, und ea woa bumpalxund. Jezd hod eam da Jesus owa an Deita geem und hod n fuatgschdampad
und hod xogd: „Bass jo auf, da d dei Goschn hoezd. Gä nua zu d Pfoffm, de soen di auschaun, und los wos aus dafua, das d wida in Uadnung bisd, damid s wos zan Heazaang haum – gaunz wia s da Moses augschoffd hod.“
Owa den Hawara is des bei an Uawaschl eine und bei n aundan wida ausse, und glei wia r a draussd woa aus n Dempe, hod a de Gschichd an jedn, wos eam untakuma is, auf d Nosn bundn; auf des aufe hod si da Jesus nimma säng lossn kenan drin in da Schdod. Oeso is a in da Aaschichd bliim, und d Leid san fo iwaroe zu eam kuma.

A Haadschada wiad wida bumpalxund

Aboa Dog schbeda is a doo wida eine noch Kapharnaum. Duat haum eam owa d Leid oogneissd.
San s oeso ole zaumgschuald kuman und haum an bozzn Bahöö gmochd; sogoa draussd fua da Dia hod sa si so gschbäud, das d ned amoe an Tschik hesd ausdredn kenan. Oesdan, hod a eana a bisl wos gschüdad.
A Wäu drauf san a boa audaamed und haum an Hawara brochd, dea wos ned gräun kena hod fua lauta Gichd. Zu fiat haum s sei Hapfm zaad.

Und weil sie ihn wegen der Menge nicht bis zu ihm hinbringen konnten, deckten sie das Dach ab, wo er war, machten eine Öffnung und ließen die Bahre hinab, worauf der Gelähmte lag.
Als Jesus ihren Glauben sah, sprach er zu dem Gelähmten: „Kind, deine Sünden sind dir vergeben."
Es saßen aber einige von den Schriftgelehrten dort und dachten in ihrem Herzen: „Was redet dieser so? Er lästert.
Wer kann Sünden vergeben als Gott allein?"
Doch Jesus erkannte sogleich in seinem Geiste ihre Gedanken und sprach zu ihnen: „Was denkt ihr da in euren Herzen?
Was ist leichter, zu dem Gelähmten zu sagen: Deine Sünden sind dir vergeben, oder zu sagen: Steh auf, nimm deine Bahre und geh umher?
Damit ihr aber wißt, daß der Menschensohn Macht hat, auf Erden Sünden zu vergeben – sprach er zu dem Gelähmten –:
ich sage dir, steh auf, nimm deine Bahre und geh heim."
Und der stand auf, nahm seine Bahre und ging sofort vor aller Augen hinaus, so daß alle (vor Staunen) außer sich waren, Gott priesen und sagten: „Noch nie haben wir solches gesehen."

Die Berufung des Levi

MARKUS 2,13–14

Und er ging wieder hinaus an den See. Und alles Volk kam zu ihm, und er lehrte sie.

Jezd haum s owa ned zuwekenan weng dera Remasuri. Oeso san s aufeghapd auf s Doch, haum a boa Ziagln weggschupfd und a Loch gmochd in Blafoo. Und nocha haum s de Schdraunzn mid den Haadschadn drin owelossn.
Wia da Jesus eana Zudraun xäng hod, hod a zu den Haadschadn xogd: „Red ma nimma fo deine Linkn, Freind, song ma, es woa nix."
Jezd san duat owa a boa so Biwegneissa umadumknozd, de haum si denkd: „Wos redt a n so grosgoschad dahea? Wos haasd do: ‚Red ma nimma fo deine Linkn'? De kau do nua da Heagod söwa beegln!"
Da Jesus hod glei iwanosad, das eana wos ned bassd, und hod xogd: „Wos modschgaz n?
Wos maanz, wos boxd leichda: zu den Haadschadn song: ‚Red ma nimma fo deine Linkn' oda: ‚Gräu auf, schnap dei Hapfm und maschia'?
Owa soez säng, das i de Linkn beegln deaf und kau", hod a gfäud, und hod zu den Haadschadn xogd:
„I sog da, gräu auf, schnap dei Hapfm und säu di oo."
Und so schnö hosd goa ned schaun kenan, wia si des Gripegschbü sei Hapfm iwa d Iaxn gschupfd hod und fua dera gaunzn Batii oogrissn is. Jezd woan s ole schmääschdad und haum xogd: „Leiwaund da Heagod. Sowos haum ma fraunk nu ned xäng."

Da Jesus reissd si in Levi auf

Nocha is da Jesus wida ausse zua Lokkn; und dea gaunze Haufm Leid is eam noch, und ea hod eana beibrochd, wia des oes is.

Und im Vorbeigehen sah er Levi, den Sohn des Alphäus, am Zoll sitzen und sprach zu ihm: „Folge mir nach!“ Und er stand auf und folgte ihm nach.

Mahl mit den Sündern

MARKUS 2,15–17

Und es begab sich, daß er in seinem Hause zu Tische lag, und viele Zöllner und Sünder lagen auch zu Tische mit Jesus und seinen Jüngern. Denn es waren viele, die ihm nachfolgten.
Als nun die Schriftgelehrten der Pharisäer sahen, daß er mit den Sündern und Zöllnern aß, sagten sie zu seinen Jüngern: „Mit den Zöllnern und Sündern ißt er?“
Das hörte Jesus und sprach zu ihnen: „Nicht die Gesunden brauchen den Arzt, sondern die Kranken. Ich bin nicht gekommen, Gerechte zu berufen, sondern Sünder.“

Der verlorene Sohn

LUKAS 15,11–32

Ferner sprach er: „Ein Mann hatte zwei Söhne. Der jüngere von ihnen sagte zum Vater: ‚Vater, gib mir den Anteil des Vermögens, der mir zukommt.‘ Da teilte er den Besitz unter sie.

Wia s bei n Zoe furiwa san, hod da Jesus in Levi, in Alphäus sein Buam, in an Kowe duat knozn xäng [miassz wissn, domoes is da gaunze Ruas bei n Zoe gwesn] und hod eam aughaud: „Gä, kum mid." Und da Levi is aufgräud und is midkuman.

Da Schekl mid d Büücha

Aundas Moe, wia da Jesus dahaam bei n Eiwuaf xessn is mid seine Hawara, haum si a Haufm Schdrawanza und Büücha aa dazuaghukd. Wäu fo dera Suatn woan fü, de wos auf eam ghoedn haum und mid eam zoong san.
Wia jezd de gaunzn owagscheidn Biwegneissa und Farisea xäng haum, das a si mid Schdrawanza und Büücha auf a Bakl zaumhaud, haum s seine Hawara augfäud: „Wos schekld a n mid Büücha und Schdrizi? Wos saufd a si n mid so ana Bagaasch zaum?"
Da Jesus hod des ghead und hod zu eana xogd: „Waun s an ä leiwaund gäd, brauchd ma jo kan Dokta, nua waum ma marod is. Und weng den bi i fia d Büücha do, und ned fia d Fraunkisdn."

Da Bua, dea wos scho bäule woa

Aussadem hod a dazööd: „Do hod ana zwa Buam ghobd.
Und da glanare hod xogd zu eam: ‚Bapschi, gä, zoe mi aus.' Drauf hod dea d Eabschofd däud und hod s denan Buam auszoed.

Wenige Tage darauf packte der jüngere Sohn alles zusammen, zog fort in ein fernes Land und vergeudete dort sein Vermögen durch ein verschwenderisches Leben.
Nachdem er aber alles durchgebracht hatte, kam eine schwere Hungersnot über jenes Land, und er fing an zu darben.
Da ging er hin und verdingte sich an einen Bürger jenes Landes, und der schickte ihn auf seine Felder zum Schweinehüten.

Gerne hätte er sich den Magen gefüllt mit den Schoten, die die Schweine fraßen, aber niemand gab sie ihm.
Da ging er in sich und sprach: ‚Wie viele Taglöhner meines Vaters haben Brot im Überfluß, ich aber komme hier vor Hunger um.
Ich will mich aufmachen und zu meinem Vater gehen und zu ihm sagen: Vater, ich habe gesündigt gegen den Himmel und vor dir.
Ich bin nicht mehr wert, dein Sohn zu heißen; halte mich wie einen von deinen Taglöhnern.‘

Und er machte sich auf und ging zu seinem Vater.
Als er aber noch weit entfernt war, sah ihn sein Vater und wurde von Erbarmen bewegt, lief herbei, fiel ihm um den Hals und küßte ihn.
Der Sohn aber sprach zu ihm: ‚Vater, ich habe gesündigt gegen den Himmel und vor dir; ich bin nicht mehr wert, dein Sohn zu heißen.‘
Der Vater aber sprach zu seinem Knechte: ‚Holt

A boa Dog drauf hod da jingare seine sim Zwetschgn zaumbokkd, is aum Bokk rotiad und is oopfäud bis duathii, wo di Hund mi n Oasch bön, und duat hod a sei gaunze Marii fajankad mid lauta Urassn.
Wia r owa de komplete Mos tschale woa, es grochd di Keisasemme, is duatn, wo r a woa, a muazdrum Grise kuman, und eam is da Dalles ausghengd.
Drauf hod a si a Hokkn xuachd bei ana Fiama duatn, und de haum eam eidäud oes Sauhoeda.

Und do häd a si ole zeene oogschlekkd, waun a an Saudraunk aus n Nuasch midfressn häd deafm, owa si haum eam ned zuwelossn.
Drauf hod a si doo söwa bei da Nosn gnuman und hod si xogd: ‚Da lezde Hakkla fo mein Oedn hod gnua zan Schlikkn, und i hukk do und pfluder oo fua lauta Flamoo! Oesdan, auf und da Kua noch, i gä zu mein Fodan und hau eam au: Bapsch, i hob an Gnadsch gmochd, dia gengiwa und iwahaupd.
Ä gloa, i bi des nimma weat, das d Bua zu mia sogsd; owa bittsche, kentasd mi ned nema oes gaunz oatenäan Hakkla?‘

Nau, und so hod a si d Schuach gschmiad und is zu sein Foda zrukk. Owa sei Foda hod eam scho fo da Weidn daschbeanzld, und ea hod eam sofüü laad dau, und drauf is a glei daheagschuald kuma, is eam um an Hoes gfoen und hod eam a Bussl geem.
Jezd hod da Bua xogd: ‚Bapsch, i hob an Gnadsch gmochd, dia gengiwa und iwahaupd. Ä gloa, i bi des nimma weat, das d Bua zu mia sogsd.‘
Owa da Foda hod zu an fo seine Untaleifän xogd:

schnell das beste Kleid heraus und zieht es ihm an und gebt ihm einen Ring an die Hand und Schuhe an die Füße!
Holt das Mastkalb und schlachtet es! Wir wollen essen und fröhlich sein,
denn dieser mein Sohn war tot und ist wieder lebendig geworden; er war verloren und ist wiedergefunden worden.' Und sie fingen an fröhlich zu sein.

Sein älterer Sohn aber war auf dem Felde. Als er kam und sich dem Hause näherte, hörte er Musik und Tanz.
Da rief er einen der Knechte herbei und fragte, was das sei.
Der aber sagte ihm: ,Dein Bruder ist gekommen und dein Vater hat das Mastkalb geschlachtet, weil er ihn gesund wiedererhalten hat.'
Da wurde er zornig und wollte nicht hineingehen. Doch sein Vater kam heraus und redete ihm zu.

Er aber gab dem Vater zur Antwort: ,Siehe, so viele Jahre diene ich dir und habe nie dein Gebot übertreten, und mir hast du nie ein Böcklein gegeben, um mit meinen Freunden zu feiern.
Jetzt aber, da dieser dein Sohn gekommen ist, der dein Vermögen mit Dirnen verpraßt hat, hast du ihm das Mastkalb geschlachtet.'
Er aber sprach zu ihm: ,Sohn, du bist allezeit bei mir, und alles, was mein ist, ist dein.
Feiern aber und uns freuen mußten wir, denn dieser dein Bruder war tot und ist wieder leben-

‚Gschwind hoeds di Aansabania und diandlz eam schee au, und gebz eam an Brüla fia d Brozn und Milano-Bekkln fia d Hiaf!
Bringz es Müüchkäuwe und schlogz as! Jezd woe ma hawan und a Gaudää haum!
Wäu da meinige Bua doda woa fia mi dood und is wida lewentich wuan;
ea woa bäule und is wida aufdauchd.' Nau, und draufhi haum s an bozzn Mulatschak gmochd.

Da ötare Bua woa in wäradn draussd bei da Hokkn. Wia r a jezd haamgaunga is und scho fosd zaus woa, hod a r a Musi und Daunzn ghead.
Drauf hod a si an Hakkla zaumgfangd und hod n gfrogd, wos si do ooschbüd.
Und dea hod eam xogd: ‚No, dei Bruada is haamkuma, und dei Foda hod s Müüchkäuwe brodn lossn, wäu eam nix bassiad is.'
Drauf hod dea an Gaachn griagd und hod ned einegee woen. Owa da Oede is aussakuman und hod eam zuagredt wia r an graunkn Ros.

Owa ea hod zan Foda xogd: ‚Heasd, jezd tschinogl i scho de gaunzn Joa fia di und hob nii an Fiisch zaumdraad, owa mia hädazd ned amoe nu a Lampal geem, damid i mid meine Hawara feian kuntad.
Und jezd reit mei Hea Bruada ei, dea wos sei gaunze Mos bei d Huana faschissn hod, und glei brodsd eam s Müüchkäuwe!'
Drauf hod da Foda xogd: ‚Schau, Bua, du bisd ä olawäu bei mia, und wos mia ghead, ghead dia aa.
Owa jezd miass ma feian und si gfrein, wäu dei Bruada

dig geworden, er war verloren und ist wiedergefunden.'"

Über das Fasten

MARKUS 2,18–22

Und die Jünger des Johannes und die Pharisäer fasteten gerade. Da kamen (einige) und sagten zu ihm: „Warum fasten die Jünger des Johannes und die der Pharisäer, und deine Jünger fasten nicht?"

Jesus antwortete ihnen: „Können die Hochzeitsgäste denn fasten, während der Bräutigam bei ihnen ist? Solange sie den Bräutigam bei sich haben, können sie nicht fasten.

Es werden aber Tage kommen, da ihnen der Bräutigam genommen wird. Dann werden sie fasten an jenem Tage.

Niemand näht einen Lappen ungewalkten Tuches auf ein altes Kleid. Sonst reißt der Flicken davon ab, das neue vom alten, und der Riß wird noch schlimmer.

Auch gießt niemand neuen Wein in alte Schläuche. Sonst wird der Wein die Schläuche zersprengen und der Wein geht zugrunde samt den Schläuchen. Sondern neuen Wein (gießt man) in neue Schläuche."

Die ausgerupften Ähren

MARKUS 2,23–28

Und es begab sich, daß er am Sabbat durch die Kornfelder dahinging, und seine Jünger machten sich unterwegs daran, Ähren abzurupfen.

woa scho driwa und is wida auf gleich kuman, ea woa tschale und is wida doda.'"

Zweng an nix Hawan und so

In Johannes und denen Farisean eanare Auhenga haum fü gfosdt; jezd san s in Jesus augaungan: „Heasd, wiaso schekln in Johannes und in Farisean eanare Leid nix, und deine haun si d Waumpm foe?"
Drauf hod da Jesus xogd: „Soen d Leid auf ana Hochzeid nix schekln, dawäu da Breitegam do is? Des waa do fraunk ka Gheadsi.
Owa schbeda amoe wiad eana da Breitegam in d Blia gee. Daun wean s scho nu hungan gnua.
Schauz: Ka Hund bempad a Drum neichn Schdof auf a oede Bania, wos scho zfoed. Wäu dea neiche Fezzn gäd jo doo wida owa, und d Glunsn wiad nua eaga.
Und ka Schwaunz füüd an Heirichn in a oeds Glumpad fo Fassln. Sunzd zreissd dea junge Wei d Bre'ln, und des guade Drepfal is zaumt d Fassln in Oasch. Naa, an Heirichn muas ma in neiche Fassln laan."

Wia si in Jesus seine Hawara a boa Keandln einaan

Wida a aundas Moe is da Jesus aum Schabbes a bisl umadumschdrawanzd mid seine Hawara; und wia s grod iwa r an Okka ghaadschd san, haum seine Schbäze a boa Schdammaln fo den Keandl, wos duat gwoxn is, ausgrupfd und haum si s eignaad.

Da sagten die Pharisäer zu ihm: „Schau, was sie am Sabbat Unerlaubtes tun!"
Er antwortete ihnen: „Habt ihr noch nie gelesen, was David tat, als er Not litt und ihn und seine Gefährten hungerte?
Wie er in das Haus Gottes ging, zur Zeit des Hohenpriesters Abjatar, und die Schaubrote aß, die außer den Priestern niemand essen darf, und auch seinen Gefährten davon gab?"
Und er sprach zu ihnen: „Der Sabbat ist um des Menschen willen da und nicht der Mensch um des Sabbats willen.
Darum ist der Menschensohn Herr auch über den Sabbat."

Heilung eines Mannes mit einer verdorrten Hand

MARKUS 3,1–6

Und er ging wieder in eine Synagoge, und dort war ein Mann mit einer verdorrten Hand.
Sie beobachteten ihn, ob er ihn am Sabbat heilen würde, damit sie ihn anklagen könnten.
Da sprach er zu dem Mann mit der verdorrten Hand: „Steh auf (und komm) in die Mitte."
Und er sprach zu ihnen: „Ist es erlaubt, am Sabbat Gutes oder Böses zu tun? Ein Leben zu retten oder zu töten?" Sie aber schwiegen.

Und glei haum si d Farisea d Goschn zrissn: „Schau da r deine Hawara au, is des a Gheadsi aun an Schabbes?"
Drauf hod a xogd: „Hobz nu nia ghead, wos da David gmochd hod, wia r a mizaumt seine Leid in da Schlamastik woa und eam da Moong ausseghengd is fua Flamoo?
Dea is domoes, wia da Abjatar grod Aansapfoff woa, sogoa in Dempe eine und hod des Brod gwikld, wos nua fia d Auslog do woa und wos kana aurian deafm hod bis auf d Pfoffm. Und de wos mid eam mid gwesn san, haum aa a jeda a Drum griagd.
Denan hod a xogd: ‚Da Schabbes is fia d Leid do, und ned d Leid fia n Schabbes';
Und grod a so güd i nu olawäu mea oes wia da Schabbes."

Wia ana mid ana faschrumpedn Brozn wida xund wiad

Daun is a wida in Dempe eine. Duat is a Hawara glaand, dea hod a hiniche Brozn ghobd, a faschrumpede.
Jezd haum s ole gnosad, ow a s eam aum Schabbes in Uadnung bringd, wäu daun hädn s wos gwussd auf eam.
Und ea hod zu den mid da fawoadagldn Brozn xogd: „Gä hea do!"
Daun hod a gfrogd: „Soe ma aun an Schabbes liawa wos Glasss zaumdraan oda liawa a Greane? Soe ma an s Leem dahoedn oda eam haamdraan?" Owa de haum ole aus Bschdem d Goschn ghoedn.

Und er blickte sie ringsherum zornig an, betrübt über die Verhärtung ihres Herzens, und sprach zu dem Manne: „Strecke deine Hand aus.“ Und er streckte sie aus, und seine Hand wurde wiederhergestellt.
Da gingen die Pharisäer hinaus und hielten sogleich mit den Herodianern Rat gegen ihn, um ihn zu verderben.

Der Andrang des Volkes

MARKUS 3,7–12

Jesus aber zog sich mit seinen Jüngern an den See zurück. Und eine große Volksschar aus Galiläa folgte ihm. Auch aus Judäa
und aus Jerusalem, aus Idumäa und von jenseits des Jordans sowie aus der Gegend von Tyrus und Sidon kam eine große Volksschar zu ihm, da sie von seinen Taten gehört hatten.
Da sprach er zu seinen Jüngern, es solle wegen der Volksmenge ein Boot für ihn bereitgehalten werden, damit sie ihn nicht erdrückten.

Denn er heilte viele, so daß alle, die von Leiden gequält waren, sich auf ihn stürzten, um ihn anzurühren.
Auch die unreinen Geister fielen vor ihm nieder, sobald sie ihn erblickten, und schrien: „Du bist der Sohn Gottes!“
Er aber fuhr sie hart an, daß sie ihn nicht bekannt machten.

Drauf hod a s rundumadum augschaud mid an gaunz schen Grand, uandlich audiniad is a gwesn, wäu s soechane Gfrassda woan, und hod zu den Hawara xogd: „Gib dei Pfodn in d Hää!" Und dea hod s aufegeem, und auf amoe woa s grod so xund wia d aundare.
Jezd haum si d Farisea faroed und haum si mid n Herodes seine Untaleifän auf a Bakl zaumghaud, damid sa si mid eana ausschnopsn, wia s eam a Haxl schdön kentn.

Wia in Jesus d Leid ole zuwegräun

Owa da Jesus is eana mizaumt seine Hawara bäule gaungan, ume zua Lokkn. Und a Haufm Leid is eam noch, aus Galiläa und aus Judäa
und aus Jerusalem und aus Idumäa und aus d drentan Grind aa und sogoa wöche aus da Geengd fo Tyrus und Sidon: oes in oen a bozzn Batii, wos audaunzd is, wäu s ghaassn hod, ea is so a Muazjass.
Und ea hod zu seine Hawara xogd, ea brauchad weng den Haufm Leid a Schinakl, damid s eam ned dadredn.

Wäu ea hod a schene Leng fo eana xund gmochd, und weng den haum eam ole beknozd, de wos in iangd ana Oat bediind woan, und haum eam audopd.
Und waun eam de gaunzn schiachn Deifän xäng haum, haum s fua eam Bukaln gmochd und haum xogd: „Du bisd fraunk da Bua fon Heagod."
Owa ea hod s glei uandlich aupfnausd, si soen jo d Goschn hoedn iwa eam.

Jesus wählt zwölf Jünger aus

MARKUS 3,13–19

Und er stieg auf den Berg hinauf und rief die zu sich, die er selbst wollte, und sie kamen zu ihm.
Und er bestellte zwölf, daß sie mit ihm zusammen seien und daß er sie aussende zu verkündigen
und Vollmacht zu haben, Dämonen auszutreiben.
Und er bestellte also die Zwölf und er gab dem Simon den Beinamen Petrus,
und Jakobus, den Sohn des Zebedäus, und Johannes, den Bruder des Jakobus, denen gab er den Beinamen Boanerges, das heißt Donnersöhne,
und Andreas, Philippus und Bartholomäus, Matthäus und Thomas, Jakobus den Sohn des Alphäus, und Thaddäus und den Kananäer Simon
und Judas Iskariot, der ihn überliefert hat.

Da Jesus däud si seine zwöf Schbäze ei

Daun is a auf a Beagl aufe und hod si de ruafm lossn, auf de a bsundas gschdauntn is, und de san audaunzd.
Und ea hod si zwöfe ausxuachd oes seine Schbäze und hod si s eidäud oes Käula, das a s in Griag schikd mid seina Bosd
und das s Marode und Haadschade xund mochn und Deifän ausjaukn.
In Simon hod a Petrus ghaassn,
und zan Jakobus, in Buam fon Zebedäus, und zan Johannes, sein Bruadan, hod a Boanerges xogd, des is sofü wia „d Dunawedabuam“;
daun woan do nu da Andreas und da Philippus und da Bartholomäus und da Matthäus und da Thomas und da Jakobus, in Alphäus sei Bua, und da Thaddäus und da Simon aus Kana;
und da Judas Iskariot, dea wos eam schbeda fazindt hod.

III Die Bergpredigt

Seligpreisungen

LUKAS 6,20–23

Er erhob zu seinen Jüngern seine Augen und sprach: „Selig ihr Armen, denn euer ist das Reich Gottes.
Selig, die ihr jetzt hungert, denn ihr werdet gesättigt werden. Selig, die ihr jetzt weint, denn ihr werdet lachen.

Wia r a si oom aum Berg ausgschüdad hod

Wos leiwaund is

Und ea hod s ole midanaunda augschaud, de Schbäze, und hod xogd: „Leiwaund, waun s jezd näga saz und neem d Schuach gäz, wäu dafua hobz ia nocha oes, wos in Heagod ghead.
Leiwaund, waun s jezd an Flamoo hobz, das eich da Drenzaling zaumrind noch an Beischl mid Kne'l – wäu ia weaz eich aubaumpfm kenan wia d Fiamling. Leiwaund, waun s jezd rean miassz wia d Schloshund, wäu ia weaz eich nocha an Hoezfuas lochn.

Selig seid ihr, wenn euch die Menschen hassen, wenn sie euch ausstoßen, schmähen und euren Namen als schlecht wegwerfen um des Menschensohnes willen.
Freuet euch an jenem Tage und frohlocket, denn siehe, euer Lohn ist groß im Himmel. Denn gerade so haben ihre Väter den Propheten getan.

Weherufe

LUKAS 6,24–26

Doch wehe euch, ihr Reichen, denn ihr habt euren Trost empfangen.
Wehe euch, ihr Satten, denn ihr werdet hungern.
Wehe euch, die ihr jetzt lacht, denn ihr werdet klagen und weinen.
Wehe, wenn euch alle Leute schmeicheln, denn ebenso haben es ihre Väter den falschen Propheten getan.

Von der Feindesliebe

LUKAS 6,27–35

Aber euch, die ihr hört, sage ich: Liebet eure Feinde, tut Gutes denen, die euch hassen.
Segnet, die euch fluchen, und betet für die, welche euch verleumden.

Leiwaund, waun d Leid an Bik auf eich haum, waun s eich fo iwaroe fuatjaukn und eich an bugladn Hund haassn dafua, das s aum Jesus hoedz;
weaz scho säng, ia weaz nu froo sei und juchazn, wäu in Hime oom weaz dafua ia auf d Butaseitn fliang. Nemlich, grod a so unguad san d Leid friia amoe mid d Brofätn umgaungan.

Wea schiach draukuman wiad

Owa r wää eich, waun s eich jezd z guad gäd, wäu ia hobz eicha Soch griagd, und mea gibz nimma.
Wää eich, foegfressane Bagaasch, wäu eich wiad da Moong aussahengan.
Wää eich, waun s jezd nix wia eichan Gschbas in Schä'l hobz, wäu ia weaz daun in Scheam aufhaum, und do kenz blaazn, wos s woez!
Wää eich, waun eich d Leid schee duan und eich fuan und hint oes eineschiam, wäu grod a so haum s as friia amoe bei d foeschn Brofätn aa gmochd.

Auf de, de an ned meeng, soe ma schdee

Und ia doda huachz guad zua, wos i eich sog: Waun wea an Boad schleifd auf eich, miassz easchd rechd schdee auf eam, und denan, de eich ned fakiifen kenan, denan miassz justamend zaang, das s glasse Buaschn saz. De wos auf eich modschgan, fo de miassz song, das s ä Wödhawara san, und waun ana a hintafozix Gfrassd is und eich iwaroe ausricht und schlechd mochd, daun

Wer dich auf die Wange schlägt, dem halte auch die andere hin, und dem, der dir den Mantel nimmt, verweigere auch den Rock nicht.
Jedem, der dich bittet, gib; und von dem, der dir das Deine nimmt, fordere es nicht zurück.
Und wie ihr wollt, daß euch die Leute tun, so sollt auch ihr ihnen tun.
Wenn ihr die liebt, die euch lieben, welchen Dank habt ihr da? Denn auch die Sünder lieben die, von denen sie geliebt werden.
Wenn ihr denen Gutes tut, die euch Gutes tun, welchen Dank habt ihr da? Denn auch die Sünder tun das.
Wenn ihr denen leiht, von denen ihr es wieder zu erhalten hofft, welchen Dank habt ihr da? Denn auch Sünder leihen Sündern, um das gleiche zurückzuerhalten.
Vielmehr liebet eure Feinde, tut Gutes und leihet, ohne etwas zurückzuerwarten, und euer Lohn wird groß sein, und ihr werdet Söhne des Höchsten sein, denn er ist gütig gegen die Undankbaren und Bösen.

Vom Almosengeben im Verborgenen

MATTHÄUS 6, 1–4

Achtet darauf, daß ihr eure Gerechtigkeit nicht vor den Menschen übt, um von ihnen gesehen zu

soetaz easchd rechd a guads Weatl eileeng fia eam bei n Heagod.
Waun da wea ane schmiad, daun hoed eam d aundare Seitn aa nu hii, und waun da r ana in Mauntl hapd, daun gib eam s Sakl oes Zuawog.
An jedn, dea di um wos augäd, soetazd geem, wos a wü, und waun di ana ooschdiad, daun moch ka grosss Wossa, das a da dei Graffeweach zrukbringa muas und so.
Schauz: Grod a so, wia s as ia gean häz, das d Leid mid eich umgengan, grod a so miassz ia mid eana umgee.
Wäu das s auf de schdäz, de wos auf eich schdengan, des is fraunk ka Kunsdschdikl. Des driffd a jeda Schdrizi aa.
Waun s nua zu de glasse Buaschn saz, de zu eich aa olawäu leiwaunde Hawara woan, wos is n do scho dabei? Des mochd a jeda Büücha aa.
Und das s an wos leichz, fo den s genau wissz, das a nix kodich bleibd, is aa ka bsundas Renomää. Des dan sogoa Heefmbriada.
Naa, wos i maan, is des: Grod auf de miassz schdee, mid de s Wikln hobz; saz guade Kealn und lossz wos aus, one das s aum Rewach schauz; grod daun weaz nemlich hochweis doschdee; daun weaz zan Heagod seina Batii ghean, wäu dea mochz grod a so und is guad zu an jedn, und waun s aa nu a so a schwoazxöchde Hundshaud is.

Waum ma wos auslossd, soe ma s in da Ghaam mochn

Auf aans bassz ma owa jo auf: Waun ana in Hean Gud aschbün wü und einedraad fua d Leid, damid a jeda siachd, wos a fia r a Fraunkisd is, daun is s oha, daun kau

werden, sonst habt ihr keinen Lohn bei eurem Vater, der im Himmel ist.
Wenn du also Almosen gibst, so laß nicht vor dir her trompeten, wie es die Heuchler in den Synagogen und in den Gassen machen, um von den Menschen gelobt zu werden. Wahrlich, ich sage euch: Sie haben schon ihren Lohn.
Du aber, wenn du Almosen gibst, dann soll deine Linke nicht wissen, was deine Rechte tut, damit dein Almosen im Verborgenen bleibe; und dein Vater, der ins Verborgene sieht, wird dir vergelten.

Über das Beten. Das Vaterunser

MATTHÄUS 6, 5–15

Und wenn ihr betet, so seid nicht wie die Heuchler, denn sie beten gern, wenn sie in den Synagogen und an den Straßenecken stehen, damit es die Leute merken. Wahrlich, ich sage euch: Sie haben schon ihren Lohn.
Du aber, wenn du betest, geh in deine Kammer und schließ deine Tür zu und bete zu deinem Vater im Verborgenen; und dein Vater, der ins Verborgene sieht, wird dir vergelten.
Wenn ihr aber betet, plappert nicht daher wie die Heiden. Denn sie meinen erhört zu werden, wenn sie viele Worte machen.
Macht es also nicht wie sie. Euer Vater weiß ja, was ihr braucht, bevor ihr ihn bittet.

a si des Bü'l, wos a si bei n Himefoda eileeng mechd, schnizzn.
Oesdan: Waun sd scho wem eilonsd auf a glans Gulasch, daun moch ka grosss Gschraa desweng, wia s de gaunzn Aubumpara in d Kiachn gean dan, damid sa si eineraunzn bei d Leid. Wäu des kau i eich song: mea wia des bisl Renomää wean s ned haum dafoo.
Waun s oeso wem wos reibz, daun schauz dazua, das eicha linke Brozn ned iwanosad, wos d rechde duad, damid de Gschichd schee in da Ghaam bleibd. Auf de Oat weaz eich a Bü'l eileeng bei n Himefodan – wäu dea gneissd ä oes oo.

Wia ma richdich bätn duad

Und waun s bätn woez, daun mochz as ned a so wia de gaunzn Schmäädandla, de wos si zan Bätn mitn in d Kiachn hiischdön oda mitn auf s Drottoaa, damid s jo a jeda meakd und ‚jöö' sogd. Wäu mea wia des bisl Renomää wean s ned haum fo eanara Einedraararei.
Oesdan: Waun s bäz, daun fagräuz eich in eicha Kawinet, mochz d Dia bumfesd hinta eich zua und redz in da Ghaam mi n Himefodan; auf de Dua weaz eich a Bü'l eileeng bei n Heagod – wäu dea siachd eich jo a so aa.
Und waun s scho amoe bäz, daun gogadsz ned dahea wia iangd wöche Blosfiassign: wäu de glaum nemlich, das s a Leiwal reissn bei n Heagod, waun s nua rechd fü redn.
So soez as oeso ned mochn. Wäu da Himefoda waas jo ä, wos s woez, nu befua s eam augäz drum.

So nun sollt ihr beten:

Unser Vater im Himmel, geheiligt werde dein Name,
dein Reich komme, dein Wille geschehe wie im Himmel, so auf Erden.
Unser tägliches Brot gib uns heute.
Und vergib uns unsere Schuld, wie auch wir unsern Schuldnern vergeben haben.
Und führe uns nicht in Versuchung, sondern erlöse uns von dem Bösen.

Wenn ihr nämlich den Menschen ihre Verfehlungen vergebt, wird auch euch euer himmlischer Vater vergeben.
Wenn ihr aber den Menschen nicht vergebt, so wird euer Vater auch eure Verfehlungen nicht vergeben.

Vom Fasten im Verborgenen

MATTHÄUS 6, 16–18

Wenn ihr aber fastet, so schaut nicht finster drein wie die Heuchler, denn sie verstellen ihr Gesicht, damit die Leute merken, daß sie fasten. Wahr-

Daz oeso liawa in dera Oat bätn: Huachz zua:

‚Foda fo uns ole, oom in Hime,
auf di loss ma nix kuman,
so wia s da s du fuaschdösd, soetaz hoed boed wean;
wos d wüsd, soe gschäng,
bei uns herunt auf da Wöd grod a so wia bei dia oom in Hime.
Schau bitschee drauf, das ma jedn Dog wos zan Hawan griang,
und druk a Aug zua, waum ma a Greane zaumdraad haum,
grod a so wia mia nimma fo den redn woen, wos uns d aundan audau haum.
Und los uns ned eifoan mid iangd ana Linkn,
schoff liawa ole Linkn oo, waun s gäd.‘

Waun s eich nemlich ia an Auraund nemz und de gaunzn Greanan fagessz, wos d aundan Leid zaumdraad haum, daun wiad da Himefoda bei eich aa ned so sei. Waun s owa auf den umadumreidn daz, wos eich d Leid audau haum, daun wiad da Himefoda bei eichare Linkn aa bizlad sei.

In da Ghaam fostn

Und waun s amoe eam zliab nix eiweafz, daun zaaz kan Fooz, so wia s de gaunzn Aubumpara mochn, damid ma s hundad Kilomäta geng an Wind siachd, wia

lich, ich sage euch: Sie haben schon ihren Lohn. Du aber, wenn du fastest, salbe dein Haupt und wasche dein Gesicht,
damit die Leute nicht merken, daß du fastest, sondern (nur) dein Vater, der im Verborgenen ist; und dein Vater, der ins Verborgene sieht, wird dir vergelten.

Von der Hingabe an die Vorsehung

MATTHÄUS 6, 24–34

Niemand kann zwei Herren dienen. Denn entweder wird er den einen hassen und den andern lieben oder dem einen anhangen und den andern verachten. Ihr könnt nicht Gott dienen und dem Mammon.
Darum sage ich euch: Sorget euch nicht um euer Leben, was ihr essen werdet, noch um euren Leib, was ihr anziehen werdet. Ist nicht das Leben mehr als die Nahrung und der Leib mehr als das Kleid?
Schaut auf die Vögel des Himmels: sie säen nicht, sie ernten nicht und sammeln nicht in Scheunen, und euer himmlischer Vater ernährt sie. Seid ihr nicht viel mehr (wert) als sie?
Wer aber von euch vermag mit seinen Sorgen seiner (Lebens-)Länge eine einzige Elle hinzuzufügen?
Und was sorget ihr euch wegen der Kleidung? Betrachtet die Lilien des Feldes, wie sie wachsen: sie arbeiten nicht und spinnen nicht.

eana da Moong aussehengd. Wäu wia xogd: mea wia des bisl Renomää wean s ned haum dafoo.
Oesdan: waun s scho fostn daz, daun kumz gschneizd und kamped dahea,
damit eich kana eichan Flamoo aumeakd aussa n Heagod; auf de Dua weaz eich eihaun bei n Himefoda, wäu dea gneissd s jo oo.

Das ma si gaunz aum Heagod falossn soe

Mid d Kapos fo zwa faschidane Batiin zgleich dik fahawad sei, des bokd kana. Wäu entweda hod a Wikln mi n easchdn und raunzd si bei n zweitn eine, oda ea hoedt aum easchdn und is dafua mi n aundan iwa s Greiz. Und grod a so gäz ned, das s eich in Heagod und d Mos zgleich oes Scheef aussuachz.
Weng den sog i eich: Daz eich nix au, wos s eischneidn soez und mid wos s eich audiandln soez. Wäu s Leem is a bisl mea wia da lediche Fros, und eicha Gschdö is doo one Bania aa ka so a Dreg!
Schauz eich d Fogaln au: De schdru'ln si ned oo und renan ned in Schüling noch und haum kan lukadn Höla in Sog; und da Heagod lossz do ned fakuman. Und saz n ia ned fü mea wia d Fogaln?
Und aussadem: Maanz leichd, das s weng eichara Gschafdlhuawarei aa nua um s Oaschlekn lenga leem weaz?
Und wos mochz n a so a Wossa weng den, wia s xakld saz? Schauz eich d Feigaln au draussd auf da Gschdetn, wia si de aussamausan: De reissn si kan Haxn aus weng eanara Schöla und dan si nix schdrikn und hekln,

Ich sage euch aber: selbst Salomo in all seiner Pracht war nicht gekleidet wie eine von diesen.
Wenn aber Gott das Gras des Feldes, das heute steht und morgen in den Ofen geworfen wird, so kleidet, wieviel mehr euch, ihr Kleingläubigen!
Sorget euch also nicht und saget nicht: Was werden wir essen? oder: Was werden wir trinken? oder: Was werden wir anziehen?
Denn nach all dem trachten die Heiden. Euer himmlischer Vater weiß ja, daß ihr das alles braucht.
Suchet vielmehr zuerst das Reich und seine Gerechtigkeit, und all das wird euch dreingegeben werden.
Sorget euch also nicht um den morgigen Tag, denn der morgige Tag wird für sich selber sorgen. Jeder Tag hat genug an seiner eigenen Plage.

Nicht richten

MATTHÄUS 7, 1–5

Richtet nicht, damit ihr nicht gerichtet werdet.
Denn mit dem Gericht, mit dem ihr richtet, werdet ihr gerichtet werden. Und mit dem Maße, mit dem ihr messet, wird euch gemessen werden.
Was siehst du aber den Splitter im Auge deines Bruders, doch den Balken in deinem Auge nimmst du nicht wahr?
Oder wie kannst du zu deinem Bruder sagen: ‚Laß mich den Splitter aus deinem Auge wegnehmen', und dabei ist der Balken in deinem Auge?

und drozzdem schwea i eich des ane: Ned amoe da Keisa fo Kina in da Aansabania woa so glass xakld wia ans fo de! Waun oeso da Heagod sogoa des Greazeig, wos heit bliad und muang ausgrupfd und in Koloniakiwe ghaud wiad, so dipdop aussaschdaffiad, daun wiad a doo auf eich nu mea schaun, es Nu'ldruka es!
Oesdan: Renz ned umadum wia d aufgscheichdn Hendln und frogz ned so hoewad, wos s fressn und saufm und auziang soez;
wäu sowos is hexdns a Gheadsi fia r a so an Blosfiassign, owa fia eich doo ned. Glaubz leichd, da Himefoda gneissd ned, das s de gaunzn Sochn brauchz?
Schauz liawa, das s in Hime kumz und das s fraunk saz, daun weaz des gaunze Graffeweach fo söwa griang, zan Driwaschdraan.
Daz eich oeso nix au, wos muang sei wiad, wäu des wiad si scho weisn. Is heit so aa gnua z duan.

Ned d Goschn iwa d aundan zreissn

Zreissz eich ned d Goschn iwa d aundan, sunzd griagz söwa ane aughengd, de wos si gwoschn hod.
Wäu in da gleichn Dua, wia s ia d aundan ausschdaliads, wean s eich in da Reissn haum. Und grod a so, wia s as eich ia eidäuz, grod a so weaz söwa eidäud wean.
Und daun: Auf wos aufa mochz n a Gschraa, waun a Hawara a Flankal in Aug hod – und de muazdrum Bleedschn in eichan eiganan iwasächz?
Wos sogsd n zu dein Hawara: ‚Woat, Oedschboz, i gläzl da des Schdeiwal aus n Aug', und dawäu bikd da Dreg in deine eiganan Gluan?

Heuchler, nimm zuerst den Balken aus deinem Auge. Dann magst du sehen, wie du den Splitter aus deines Bruders Auge wegnimmst.

Von der Kraft des Betens

MATTHÄUS 7, 7–11

Bittet, und es wird euch gegeben werden. Suchet, und ihr werdet finden. Klopfet an, und es wird euch aufgetan werden.
Denn jeder, der bittet, empfängt, und wer sucht, findet, und wer anklopft, dem wird aufgetan werden.
Oder wer von euch wird, wenn ihn sein Sohn um Brot bittet, ihm einen Stein geben?
Oder wenn er ihn um einen Fisch bittet, wird er ihm eine Schlange geben?
Wenn nun ihr, die ihr böse seid, euren Kindern gute Gaben zu geben wißt, wieviel mehr wird euer Vater im Himmel denen Gutes geben, die ihn bitten.

Die goldene Regel

MATTHÄUS 7, 12–14

Alles nun, was ihr wollt, daß euch die Leute tun, das sollt auch ihr ihnen tun; denn das ist das Gesetz und die Propheten.
Tretet ein durch die enge Pforte. Denn weit ist

Buzz da zeaschd amoe de Bleedschn aus deine Aung, foesche Grood, daun kausd fo mia r aus des Flankal aus n Eigl fo dein Hawara aussafischn!

Wos ma mi n Bätn oes bokd

Sogz oewäu bitschee, daun weaz griang, wos s eich wintschz. Suachz, und oes wiad si fintn. Leiz au, und d Leid wean eich aufmochn.
Wäu a jeda, dea bitschee sogd, griagd sei Soch, und wea suachd, findt sei Glumpad, und wea auleit, den wiad s Dial aufgmochd.
Schauz: waun ana fo eich an Buam hod, und dea gäd eam au um a Schdikl Brod, däzd eam daun schdot n Käda an Pflosdaschdaa fua d Realn haun?
Oda waun a di auschnoad um a Drum Schdözn, gewazd eam dafua a bochane Blindschleichn?
Waun s jezd oeso sogoa ia, es Gfrassda, zu eichare Buam oda Ma'ln guade Lodschn saz, kenz eich dengn, das da Himefoda easchd rechd ned neidich sei wiad, waun eam ana um wos augäd.

S Aansaxazzl

Oesdan: Grod a so, wia s woez, das d Leid zu eich san, grod a so miassz ia zu eana sei; wäu des is da Gheadsi, und gscheid is s exdra nu.
Nu ans: Waun s eine woez, driim, daun schauz, das s eich duach s schmole Dial einewuzlz. Wäu in d Höö eine,

die Pforte und breit der Weg, der ins Verderben führt, und viele sind es, die auf ihm hineingehen. Doch eng ist die Pforte und schmal der Weg, der ins Leben führt, und wenige sind es, die ihn finden.

Die falschen Propheten

MATTHÄUS 7, 15–20

Hütet euch vor den falschen Propheten, die in Schafskleidern zu euch kommen, inwendig aber reißende Wölfe sind.
An ihren Früchten werdet ihr sie erkennen. Sammelt man etwa Trauben von Dornen oder Feigen von Disteln?
So bringt jeder gute Baum gute Früchte, der schlechte Baum aber bringt schlechte Früchte.
Ein guter Baum kann keine schlechten Früchte bringen, und ein schlechter Baum kann keine guten Früchte bringen.
Jeder Baum, der keine gute Frucht bringt, wird umgehauen und ins Feuer geworfen.
An ihren Früchten also werdet ihr sie erkennen.

Die wahren Jünger

MATTHÄUS 7, 21–28

Nicht jeder, der zu mir sagt: ‚Herr, Herr‘, wird in das Himmelreich eingehen, sondern wer den Willen meines Vaters tut, der im Himmel ist.

do kumsd duach an bozzn Eigaung und iwa a schene brade Schdrossn: duat maschian d Leid in Fümfarein eine.
Owa zua Sölichkeid gibz nua an gaunz an wunzign Schluf und a schmoes Wegal, wo nua a boa hiifintn.

D foeschn Brofätn

Lossz eich ned eikochn fo de Schmäädandla, de wos daheakuman, wia waun s d reinzdn Lampän waan, und dawäu san s eiwendich d eagsdn Gfrassda, wos d da fuaschdön kausd.
Owa san ä leichd zan Oogneissn: nemlich aun den, wos dabei aussaschaud. Wäu kau ma n Pfludan auf ana Distlschdaun brokn?
Naa, auf an guadn Baam woxd a guads Obsd und auf an schleissign a Glumpad.
Auf an guadn Baam woxd hoed amoe ka Glumpad und auf an schleissign nix Guads.
Und a jeda Baam, dea wos nix Gscheids drogd, wiad zaumbekd und fahaazd, do gibz kane Wiaschdln.
Oeso, wia xogd: Aun den, wos dabei aussakumd, kenz as oogneissn.

Wea wiaklich zu seina Batii ghead

Und waum ma ana um an Boad gäd mid ‚Hea Scheef' hi und ‚Hea Scheef' hea, brauchz weng den ned glaum, das fia r a so an d äwiche Sölichkeid a gmaade

Viele werden an jenem Tage zu mir sagen: ‚Herr, Herr, haben wir nicht geweissagt in deinem Namen, in deinem Namen Dämonen ausgetrieben und in deinem Namen viele Wunder gewirkt?‘

Dann werde ich zu ihnen sagen: Ich habe euch nie gekannt. Hinweg von mir, ihr Übeltäter!

Jeder aber, der diese meine Worte hört und sie befolgt, gleicht einem klugen Mann, der sein Haus auf Fels gebaut hat.

Da stürzte der Platzregen herab, die Wasserfluten kamen, die Winde bliesen und fielen über jenes Haus her. Aber es stürzte nicht ein, denn es war auf Felsen gegründet.

Doch jeder, der diese meine Worte hört und sie nicht befolgt, gleicht einem törichten Mann, der sein Haus auf den Sand gebaut hat.

Da stürzte der Platzregen herab, die Wasserfluten kamen, die Winde bliesen und fielen über jenes Haus her. Da stürzte es ein, und sein Sturz war groß.“

Als Jesus diese Worte beendet hatte, waren die Volksscharen ganz betroffen über seine Lehre.

Wiisn is; naa, in Hime kumd nua ana, dea wos duad, wos mei Foda duat oom auschoffd.
I waass s jezd scho: Daun, waun s so weid is, wean s ole daheagräun und wean mi auraunzn: ‚Hea Scheef, gnä Hea, sam ma leichd ned d gaunze Zeid mid deine Schmää hausian gaungan, haum ma ned auf dei Rechnung Deifän ausgjaukd und ole meglichn iwanatialichn Schdikln zaumdraad?'
Owa woazz nua, denen wea r i drauf song: ‚Wos redz mi n so depad au? Ken i eich? Do kent jo a jeda kuman! Schleichz eich, Saubei'ln schdingade!'
Owa waun ana des duad, wos a jezd do fo mia head, daun is a r a gscheida Buasch; des is, wia waun a sei Hitn auf an muazdrum Fösn hischdöd;
und daun kau s Schuasdabuam rengan und owawaschln, sofü s wü, und s Wossa kau oes wegschwaam, und da Wind kau bleedan wia r a Aansa – dera Hitn is des blunzn, wäu s eem auf an Fösn schdäd.
Owa waun mi ana do redn head und des doo ned duad, wos i sog, daun kumd a ma fua oes wia r a so a Hianädal, wos si sei Heisl auf an Saundhaufm baud.
Und waun daun da Reeng owabridschld und a Hochwossa kumd und da Schduam deifed und bei'ld de Hitn, daun grochz zaum, das s nua so schäwad."
Und wia si da Jesus auf de Oat ausgschüdad ghobd hod, san d Leid ole dogschdauntn wia d augmolanan Diakn, wäu sowos haum s fraunk nu ned ghead ghobd.

IV Die Gleichnisreden

Vom Verhalten der Verwandten Jesu und der Schriftgelehrten

MARKUS 3,20–30

Als er nach Hause kam, lief wiederum das Volk zusammen, so daß sie nicht einmal essen konnten.
Als die Seinen davon hörten, zogen sie aus, um sich seiner zu bemächtigen, denn sie sagten: „Er ist von Sinnen."
Die Schriftgelehrten aber, die von Jerusalem

Wia r a eana mi n Schmää d Wa'ln fiarigricht hod

In Jesus seine Fawaundtn und d Biwegneissa

Wia da Jesus nocha zauskuma is, hod sa si glei wida so gschbäud fua lauta Leid, das s ned amoe fia r an Eiwuaf Bloz ghobd haum.
Und seine Leid dahaam haum dera Wäu fo de gaunzn Gschichdn ghead und san ausgridn, damid s eam d Wa'ln fiaririchdn, wäu s gmaand haum, ea is scho gaunz hii in da Marün.
De Biwegneissa, de wos aus Jerusalem daheagräud san,

heruntergekommen waren, sagten: „Er hat den Beelzebul, und durch den obersten der Dämonen treibt er die Dämonen aus."
Da rief er sie herbei und sprach in Gleichnissen zu ihnen: „Wie kann der Satan den Satan austreiben?
Wenn ein Reich mit sich selbst entzweit ist, so kann dieses Reich keinen Bestand haben.
Und wenn ein Haus in sich selbst entzweit ist, so kann dieses Haus keinen Bestand haben.
Wenn nun Satan gegen sich selbst aufsteht und mit sich entzweit ist, so kann er keinen Bestand haben, sondern es ist aus mit ihm.
Niemand aber kann in das Haus des Starken eindringen und seine Habe rauben, wenn er nicht zuvor den Starken gefesselt hat. Dann erst wird er sein Haus ausplündern.
Wahrlich, ich sage euch: Alle Sünden und Lästerungen werden den Menschenkindern vergeben werden, soviel sie auch lästern mögen.
Wer aber gegen den Heiligen Geist lästert, findet in Ewigkeit keine Vergebung, sondern ist ewiger Sünde schuldig."
Sie sagten nämlich: „Er hat einen unreinen Geist."

Die wahren Verwandten Jesu

MARKUS 3,31–35

Und seine Mutter und seine Brüder kamen, blieben draußen stehen und schickten zu ihm, ihn zu rufen.
Um ihn her saß das Volk, als man ihm sagte:

haum owa xogd: „Ea is mi n Aansadeife in Bandl, und mid den jaukd a de gaunzn aundan Deifän aus.“
Jezd hod a si s zaumgfaungd und hod s mi n Schmää bokd: „Saz ned so hoewad, wia kau dn aa Deife in aundan in Gschdis geem?
Bassz auf: Waun d Hawara in ana Blodan midanaunda audraan, daun kau de Blodan brausn gee.
Und waun si d Leid in iangd an Laund gengseidich s Hakl ins Greiz haun, kau si des Landl eimagarian lossn.
Waun oeso da Deife auf si söwa schdingad wiad und mid si söwa an Kööch aufaungd, daun hod a in Scheam auf, daun mochd a fraunk kan Beka mea.
Owa waun ana uandlich beinaund is, waun a bsodld is wia r a richdiga Brigl, daun kau bei eam dahaam kana eidüwen, dawäu a zaus is, und eam sei Graffeweach dafoozaan, hexdns ea bindt eam zeaschd au und schdiad eam nocha oo.
Fraunk, des sog i eich: Ole Linkn, wos d Leid zaumdraan, kenan beegld wean, sogoa des, waun ana geng an Heagod modschgad.
Owa waun ana geng an Häulichn Geisd schdenkad, daun is s gfööd: A so ana griagd s äwiche Schmoez.“
Des is, wäu de xogd haum, ea is ka Guada.

Wea d richdign Leid fon Jesus san

Und sei Famülie is audaunzd und is glaand draussd fua da Dia und hod noch eam gschikd, ea soe aussekuman.
Dera Wäu is a Haufm Leid um eam umadum knozd, und

„Siehe, deine Mutter und deine Brüder und deine Schwestern sind draußen und suchen dich."
Da antwortete er ihnen: „Wer ist meine Mutter und wer sind meine Brüder?"
Und indem er auf die rings um ihn Sitzenden blickte, sprach er: „Siehe, das sind meine Mutter und meine Brüder.
Wer den Willen Gottes tut, der ist mein Bruder und Schwester und Mutter."

Das Gleichnis vom Sämann

MARKUS 4,1–9

Und wiederum begann er, am See zu lehren. Und sehr viel Volk sammelte sich um ihn, so daß er in ein Boot stieg und sich auf dem See niederließ, während das ganze Volk am See auf dem Lande war.
Er lehrte sie viel in Gleichnissen und sprach in seiner Lehre zu ihnen:
„Höret! Ein Sämann ging aus, zu säen.
Da gab es sich, daß beim Säen einiges auf den Weg fiel, und die Vögel kamen und fraßen es auf.
Anderes fiel auf steinigen Grund, wo es nicht viel Erdreich hatte. Und es schoß rasch auf, weil es kein tiefes Erdreich hatte.

a boa haum xogd: „Heasd, deine Leid schdengan draussd und woen wos fo dia.“
Drauf hod a gfrogd: „Wos haassd? Wea san dn meine Leid?“
Und ea hod de gaunzn Hawara rundumadum augschaud und hod xogd: „Do hobz as, des san meine Leid, des is mei Mamsch, des san meine Gschwista.
Wäu waun ana duad, wos da Heagod wü, daun is a mei Bruada und mei Schwesta und mei Mamsch.“

Da Schmää mid d ausgschdraadn Saumankeandln

Daun is a s wida augaungan, s Schüdan, driim bei da Lokkn; auf des aufe is so a bozzn Batii zaumgrennd kuman, das a miassn hod in a Zün hapm und draussd aum Wossa knozn, dawäu si d Leid aum Schdraund daschdessn haum.
Und ea hod eana a schene Leng dazööd, owa mi n Schmää. In dera Oat hod a xogd:
„Bassz auf, huachz! Do is amoe a Gscheada ausgridn und hod saan woen.
Und wia r a so seine Keandln hiigschdraad hod, san a boa daneem gaungan und san auf a Wegal gfoen; jezd san d Fogaln daheagflong und haum s wegbuzzd, das d goa ned so schnö schaun kena hosd.
A boa aundare Keandln san auf a Drum Okka gflong, wo s mea Schoda wia Ead geem hod; oeso san d Driib gach in d Hää gschossn, wäu mid den Bazzl Boon haum sa si grod aussaxäng.

Als aber die Sonne aufging, wurde es versengt, und weil es keine Wurzel hatte, verdorrte es.
Und anderes fiel unter die Dornen, und die Dornen wuchsen auf und erstickten es, und es brachte keine Frucht.
Anderes aber fiel auf gutes Erdreich. Und es brachte Frucht, als es aufging und wuchs, und es trug dreißigfach, und sechzigfach und hundertfach."
Und er sprach: „Wer Ohren hat zu hören, der höre."

Warum Gleichnisse? Auslegung des Gleichnisses vom Sämann

MARKUS 4,10–20

Als er allein war, fragten ihn die, die mit den Zwölfen um ihn waren, über die Gleichnisse.
Da sprach er zu ihnen: „Euch ist das Geheimnis des Reiches Gottes gegeben. Jenen draußen aber wird alles in Gleichnissen zuteil,
auf daß sie sehend sehen und doch nicht schauen, und hörend hören und doch nicht verstehen, um nicht umzukehren und Vergebung zu finden."
Und er sprach zu ihnen: „Versteht ihr dieses Gleichnis nicht? Wie werdet ihr da alle Gleichnisse verstehen?

Wia owa nocha d Sun uandlich hiighaazd hod, san s wööch wuan und oodiad, wäu s eem kane gscheidn Wuazln ghobd haum.
Und a bisl wos is zwischn d Doanschdaun eine. Wia de Schdaun jezd gwoxn san, haum sa si so brad gmochd, das s den Keandl d Gas oodraad haum: weng den is s eingaungan und woa fia n Hugo.
Und a bisl wos is auf an uandlichn Boon gflong und hod drong, wia si s ghead, dreisskfoch, sechzkfoch und hundadfoch aa."
Und zan Schlus hod a nu xogd: „Wea Uawaschln hod, soe s aufschbean!"

Wos dea Schmää mid d Saumankeandln haassn soe

Wia nocha dea gaunze Bahöö wida ooblaunkd woa, haum eam de Hawara, wos bei eam iwabliim san, midsaumt seine zwöf Schbäze ausgfraadschld, wos a mid den Schmää gmaand hod.
Drauf hod a xogd: „Wos woez n, fia eich is s ä waadschnaafoch zan Gneissn, wia des oes is mi n Heagod und mi n Hime. Owa de aundan do draussd, de griang s nua iwa d Schreamsn gschdekd, nua mi n Schmää, damiz as säng, indem das s as daschbeanzln, und doo ned gschbaunan, und damiz as hean, indem das s hiihuachn, und doo ned iwanosan; sunzd wuadtn s womeglich ole auf an Siz lauta Fraunkisdn und dädn eanare Linkn oobei'ln, wia waun nix gwesn waa."
Und daun hod a xogd: „Waun eich dea Schmää scho ned eigäd, wia woez n daun de gaunzn aundan iwareissn?

Der Sämann sät das Wort.
Die auf dem Wege aber, das sind die, bei denen das Wort zwar gesät wird, aber sobald sie es gehört haben, kommt gleich der Satan und nimmt das Wort, das in sie gesät war, weg.
Und ebenso sind die auf steinigen Grund Gesäten jene, die das Wort, sobald sie es hören, sofort mit Freuden aufnehmen;
aber sie haben keine Wurzel in sich, sondern sind Augenblicksmenschen. Sobald nachher Drangsal oder Verfolgung um des Wortes willen entsteht, kommen sie zu Fall.
Andere sind die in die Dornen Gesäten; das sind jene, die das Wort gehört haben,
aber die weltlichen Sorgen und der Trug des Reichtums und die Begierden nach dem übrigen dringen ein und ersticken das Wort, und es wird fruchtlos.
Die auf gutes Erdreich Gesäten, das sind jene, die das Wort hören und aufnehmen und Frucht bringen, dreißigfach und sechzigfach und hundertfach."

Das Gleichnis vom barmherzigen Samariter

LUKAS 10,30–35

Jesus nahm das Wort und sprach: „Ein Mann ging von Jerusalem hinab nach Jericho und fiel unter die Räuber; die plünderten ihn aus, schlu-

Oesdan: Dea Gscheade, fo den i gredt hob, schdraad in Heagod sei Bosd aus.
De aum Weg san a, wo d Bosd zwoa hiikumd, des scho, owa glei waun s as ghead haum, gräud da Deife dahea und zaaz wida fuat.
De wos aum Schodaboon san, bokn de Bosd zeaschd amoe mi n gaunzn Gschäfd, das d glaum kenzd, si schlekn si ole zeen Finga danoch oo;
owa bei de hod s kane Wuazln; des gäd eana bei an Uawaschl eine und bei n aundan wida ausse; und Seichaln san s exdra nu: waun s desweng Wikln griang oda waun eana goa wea aum Schwaaf schdeigd dafua, haun s glei in Huad drauf.
Und de in d Doanschdaun bokn de Bosd woe, do gibz nix,
owa bei de griagz ka Lufd fua lauta Gschafdlhuawarei und fua lauta Gschea mid da Mos und weng de gaunzn aundan Gschbas und Danz; oeso gäd s ei, de Bosd, und drogd nix.
Und de aum uandlichn Boon hean de Bosd und bokn s, und nua duat drogz wos, dreisskfoch, sechzkfoch und hundadfoch."

Wia si ana aus Samaria daboamd hod

Und ea is ins Dazöön kuman und hod xogd: „Do hod si ana fo Jerusalem noch Jericho owelossn, und dabei haum eam di Reiwa daglengd; de haum eam oogschdiad, haum eam biand wia r an Daunzbean, und daun

gen ihn, machten sich davon und ließen ihn halbtot liegen.
Zufällig ging ein Priester denselben Weg hinab. Er sah ihn und ging vorüber.
Ebenso kam ein Levit an der Stelle vorbei, sah ihn und ging vorüber.
Ein Samariter aber, der des Weges zog, kam in seine Nähe, sah ihn und wurde von Mitleid bewegt.
Er trat hinzu, verband seine Wunden und goß Öl und Wein darauf; dann setzte er ihn auf sein eigenes Lasttier, brachte ihn in eine Herberge und trug Sorge für ihn.
Am nächsten Morgen zog er zwei Denare heraus, gab sie dem Wirt und sprach: ‚Trage Sorge für ihn, und was du noch darüber aufwenden wirst, will ich dir erstatten, wenn ich wiederkomme.'"

Der Pharisäer und der Zöllner

LUKAS 18,9–14

Zu einigen, die sich selbstsicher für gerecht hielten und die übrigen verachteten, sagte er aber auch dieses Gleichnis:
„Zwei Menschen gingen hinauf in den Tempel, um zu beten: Der eine war ein Pharisäer und der andere ein Zöllner.
Der Pharisäer stellte sich auf und betete bei sich so: ‚Gott, ich danke dir, daß ich nicht bin wie die

san s in d Blia gaungan und haum eam hoewad hinich liing lossn.
Zufölich is jezd a Pfoff fuabeikuma, dea hod eam xäng, owa ea hod eam ned amoe ignoriad.
Und grod aso is a Fuabäta fuariwagschuald und hod si aa nix um eam gschissn.
Nua ana aus Samaria [und a soechana woa domoes fia d Judn gwisigwasi da Jud], dea wos grod fuabeighaadschd is, is zuwegaungan und hod si daboamd, wia r an daschbeanzld hod.
Oesdan hod a si hiighokkald zu eam, hod eam eigfadschnd und hod a Schmiraasch und an Äuk iwa seine Schinaling dau; daun hod a eam auf sein eiganan Drogesl xezzd, hod eam zu an Wiatn brochd und hod si um eam augnuman.
Aum näxdn Dog in da Frua hod a zwa Kilo firazaad, hod s in Kowara griim und hod xogd: ‚Gä, schau auschdändich auf den Hawara, und wos d mea brauxd, bren i da, waun i zrukkum.'"

Da Hea Gud und da Büücha

Und a boa, de wos lässig auf di Hea-Gud-Dua audrukkd haum, weabiniweawaari, und ole aundan fian lezdn Ruas ghoedn haum, denen is a dera Oat zuwegschdiing:
„Zwa Hawara san ume in d Kiachn bätn gaungan. Da ane woa a bessara Hea und da aundare a Büücha.
Da bessare Hea hod si gaunz fuan higschdöd wia r a Aansa und hod gmeamed: ‚Heagod, i bi da so daunkboa,

übrigen Menschen: Räuber, Ungerechte, Ehebrecher, auch nicht wie dieser Zöllner da.
Ich faste zweimal in der Woche, und ich gebe den Zehnten von allen meinen Einkünften.‘
Der Zöllner aber stand weit entfernt und wollte nicht einmal die Augen zum Himmel erheben, sondern schlug an seine Brust und sprach: ‚Gott, sei mir Sünder gnädig.‘

Ich sage euch: Dieser ging gerechtfertigt nach Hause, anders als jener. Denn jeder, der sich selbst erhöht, wird erniedrigt werden, wer sich selbst aber erniedrigt, wird erhöht werden.“

Weitere Gleichnisse

MARKUS 4,21–29

Und er sprach zu ihnen: „Bringt man etwa das Licht, damit es unter den Scheffel oder unter das Bett gestellt werde? Und nicht vielmehr, damit es auf den Leuchter gestellt werde?
Denn nichts ist verborgen, außer damit es offenbar werden soll, und nichts ward geheim, außer damit es ins Offenbare kommen soll.
Wer Ohren hat zu hören, der höre.“
Und er sprach zu ihnen: „Beachtet genau, was ihr hört. Mit dem Maße, mit dem ihr meßt, wird euch gemessen werden, ja es wird euch noch dazugelegt werden.

das i ned aso bi wia d aundan Leid – lauta Heefmbriada, Gfrassda, Dreegantn – und aa ned aso wia dea Büücha doda.
I, i hoed mi zwamoe di Wochn bein Hawan zrukk und bleib niachd, und i bren meine Schdeian, do gibz nix.'
Dea Büücha owa hod si gaunz hint in a Wingal drukkd und hod si ned amoe schaun draud, dea hod si söwa bei da Nosn gnuman und hod xogd: ,Liawa Heagod, dua an Unguadn wia mi ned goa z hoat zaumbrakkn.'

Und jezd sog i eich: Dea Büücha is in da Uatnung haamgaunga, da bessare Hea ned. Wäu a jeda, wos si söwa auf leiwaund aufbaud, wiad owedrong wean, owa wea si söwa owedrogd, dea wiad leiwaund aufbaud wean."

Nu mea Schmää

Und daun hod a xogd: „Zindt ma a Keazn leichd au, damid ma s unta an Schaffe oda unta da Hapfm fajankad? Naa, fraunk ned; auf an Kandölawa wiad ma s draufdreamsln.
Wäu in da Ghaam is nix, wos ned doo gneissd wuatad, und waun wos faschdekd is, daun nua, damid s aussakuman kau.
Wea Uawaschln hod, soe s aufschbean!"
Nocha hod a nu xogd: „Bassz guad auf, huachz! In da gleichn Dua, wia s as eich ia eidäuz, weaz söwa aa eidäud. Ia weaz sogoa nu wos draufgriang, dafua, das i mid eich red.

Denn wer hat, dem wird gegeben werden. Wer aber nicht hat, dem wird auch das, was er hat, genommen werden."
Und er sprach: „Mit dem Reiche Gottes ist es so, wie wenn ein Mann den Samen auf die Erde streut
und dann schlafen geht und wieder aufsteht, bei Nacht und bei Tage, und der Same geht auf und wächst empor, ohne daß er selbst davon weiß.
Von selbst bringt die Erde Frucht, erst den Halm, dann die Ähre, und endlich das volle Korn in der Ähre.
Sobald aber die Frucht es zuläßt, legt er alsbald die Sichel an, denn die Ernte ist da."

Das Gleichnis vom Senfkorn

MARKUS 4,30–34

Und er sprach: „Womit sollen wir das Reich Gottes vergleichen oder in welchem Gleichnis es darstellen?
Wie mit einem Senfkorn ist es, das, wenn es in die Erde gesät wird, das kleinste von allen Samenkörnern auf Erden ist.
Wenn es aber gesät ist, geht es auf und wird größer als alle Kräuter und treibt große Zweige, so daß unter seinem Schatten die Vögel des Himmels wohnen können."
Und in vielen derartigen Gleichnissen redete er zu ihnen das Wort, wie sie es zu hören vermochten.
Ohne Gleichnis aber sprach er nicht zu ihnen.
Wenn sie aber allein waren, löste er seinen Jüngern alles auf.

Wäu wea wos hod, griagd nu wos dazua; und wea nix hod, wiad exdra nu oogschdiad."
Daun hod a xogd: „Mi n Heagod und mi n Hime is s so, wia waun ana a boa Saumankeandln auf d Ead schmeissd;
und daun büsld a si aus und gräud in da Frua auf und haud si auf d Nochd wida in d Hapfm und duad si weida nix au; und dawäu gäd da Sauman auf und woxd, one das a s richdig gschbaund.
Wäu da Boon drogd gaunz fo söwa, zeaschd amoe d Schdammaln und daun d Ean und zan Schlus s bozzige Keandl.
Waun nocha oes zeidich is, schikd a an mid da Senxd, wäu daun zoed sa si aus zan Ooraaman."

Da Schmää mi n Semfdkeandl

Und ea hod xogd: „Wia soe i eich beibringan, das da Hime is? Auf wos fia r a Dua soe i eich s Hözl schmeissn?
Wia r a Semfdkeandl is a. Waum ma des ausschdraad, is s wunzixde fo ole Keandln auf da gaunzn Wöd.
Owa waun s daun drin is in da Ead, gäd s auf wia r a Geamdaag und woxd und wiad grässa oes wia des gaunze aundare Greazeig und griagd so Drum Esd, das si sogoa d Fogaln drauf baazn kenan."
Und mid an Haufm soeche Schmää hod a eana sei Bosd zuweghaud, damid s eana einegäd in Schä'l.
Und gaunz one in Schmää hod a nix gredt; nua fia seine Schbäze hod a jedn Schmää exdra ausdiwidiad.

V Jesus in Galiläa

Jesus gebietet dem Sturm

MARKUS 4,35–41

Und er sprach zu ihnen an jenem Tage, als es Abend geworden war: „Wir wollen ans andere Ufer hinüberfahren.“
Sie entließen also das Volk und nahmen ihn, so, wie er war, im Boote mit. Auch andere Boote begleiteten ihn.
Da erhob sich ein gewaltiger Sturmwind, und die Wogen schlugen ins Boot, so daß das Boot sich schon füllte.
Er aber schlief im Heck des Bootes auf dem

Wos a dahaam in Galiläa aufgfiad hod

Wia si da Schduam eibremsd

Auf d Nochd hod a daun zu eana xogd: „Kumz, foa ma ume."
Oeso haum s d Leid laana lossn und haum eam mid da Zün weggruadad. A boa aundare Schinakln woan aa nu dabei.
Auf amoe hod a muaz Schduam zan Bleedan augfaungd und hod soechane Wöön einegleschd in d Zün, das s iwa jo und naa bla'lfoe augschlempad woa.
Und da Jesus hod hint in da Zün auf an Boesda bumfesd

Kissen. Da weckten sie ihn und sagten zu ihm: „Meister, liegt dir nichts daran, daß wir zugrunde gehen?“
Und er stand auf, schalt den Wind und sprach zur See: „Schweige, sei still.“ Da legte sich der Wind, und es ward große Stille.
Und er sprach zu ihnen: „Was seid ihr so furchtsam! Warum habt ihr keinen Glauben?“
Da gerieten sie in große Furcht und sagten zueinander: „Wer ist dieser, daß selbst der Wind und die See ihm gehorchen?“

Der Besessene von Gerasa

MARKUS 5,1–20

Und sie kamen ans jenseitige Ufer des Sees, in das Land der Gerasener.
Und als er aus dem Boot gestiegen war, kam ihm sogleich einer aus den Grabhöhlen entgegen, der einen unreinen Geist hatte.
Der hauste in den Grabhöhlen, und nicht einmal mit Ketten vermochte ihn noch jemand zu fesseln,
denn er war schon oft mit Fußfesseln und Ketten gebunden worden. Aber er hatte die Ketten gesprengt und die Fußfesseln zerrieben. Und niemand war imstande, ihn zu bändigen.
Immerfort, bei Nacht und bei Tage, war er in

gschnoachd und hod ka Uawaschl griad. Jezd haum s eam bei'ld, bis a munta wuan is, und haum xogd: „Heasd, Oeda, is da des oes aans, waum ma ole dasaufm?"
Drauf is a aufgräud und hod in Schduam s Wüde owegraamd, und zan Wossa hod a xogd: „Gusch und hoez zaum!" Und da Wind hod si eibremsd, und es is gaunz schdaad wuan.
Nocha hod a s eana owa einexogd: „Wos gäd eich n goa r a so d Muffm? Saz nu olawäu soeche Wää?"
Drauf is eana nu mea da Reis gaungan, und ana hod zan aundan gmaand: „Heasd, wos is n des fia ana? Sogoa da Schduam und s Wossa zaan in Schwaaf ei fua eam!"

Da Audridschgade aus Gerasa

Daun san s auf da aundan Seitn fo dera Lokkn eigridn, in d Grind fo Gerasa. Und glei wia r a aus da Zün ausseghapd is, hod a r an Narischn aum Gnak ghobd, an mid an gaunz an schiachn Beka, dea wos aus ana Gruam duat fiaragräud is.
Des is, wäu dea hod in Gruam loschiad und in Lecha in d Fösn. Und bei den san s ole eigfoan, waun s eam darennan haum woen, sogoa, waun s eam aubundn haum.
Si haum eam nemlich ole Hundsminutn mid Schdrig und Kedn aubundn; owa dea hod d Kedn zdreamsld, und d Schdrig hod a zriwed und oobei'ld wia r an Schbogod, und kana hod si aussexäng mid eam.
Und ea woa in ana Dua oom auf d Higln oda unt in d

den Grabhöhlen und auf den Bergen, stieß Schreie aus und zerschlug sich mit Steinen.
Als er nun Jesus von ferne sah, lief er und warf sich vor ihm nieder
und schrie mit lauter Stimme: „Was habe ich mit dir zu tun, Jesus, Sohn des höchsten Gottes? Ich beschwöre dich bei Gott: Quäle mich nicht!"
Denn er hatte zu ihm gesagt: „Fahre aus, unreiner Geist, aus dem Menschen."
Und er fragte ihn: „Wie heißt du?" Und er sagte: „Ich heiße Legion. Denn wir sind viele."
Und er bat ihn dringend, sie nicht aus dem Lande zu verweisen.

Nun weidete dort am Berge eine große Schweineherde.
Da baten sie ihn: „Schicke uns in die Schweine, laß uns in sie hineinfahren." Das erlaubte er ihnen.
Da fuhren die unreinen Geister aus und fuhren in die Schweine, und die Herde stürmte den Abhang hinab in den See, an zweitausend Stück, und ertranken im See.
Ihre Hirten aber flohen und berichteten es in der Stadt und auf den Höfen. Da kamen die Leute, um zu sehen, was geschehen war.
Und sie kamen zu Jesus und sahen den Besessenen, der die „Legion" gehabt hatte, bekleidet und vernünftig dasitzen; und sie fürchteten sich.

Gruam, hod a Muadsgschraa gmochd und hod si söwa mid Schdaana biand.
Wia r a jezd in Jesus fo da Weidn xäng hod, is a daheagschuald, hod si fua eam aum Bauch ghaud, hod an Blera gmochd und hod xogd:
„Wos gä n i di au, Jesus, Bua fon Heagod, fon Ewasdn fo da Hää? I bit di in Gods Naum, dua mi ned drischakn!"
Da Jesus hod nemlich zu eam xogd: „Reis oo aus den Hawara, Beka, Deife schdingada!"
Und ea hod eam gfrogd: „Wia haassd n?" Drauf hod dea xogd: „Oaschfoe haas i, wäu mia san a gaunza Oaschfoe."
Und ea [oda se, wia sd as nimsd] hod eam augraunzd und hed eam s Godal grozzd, damid a n nua jo ned fuatschdampad aus dera Geengd.

Jezd woa bei de Higln duat owa a Schiwe Sei, de haum duat gfressn.
Und de Deifän haum eam ole auxempad: „Gä, sei so guad, los uns dafua wenixdns in de Sei einedeifän."
Und da Jesus hod xogd: „No, fo mia r aus." Drauf san de Deifän ole aus und san in d Sei eine, und de gaunzn Nuudsch (so a zwadausnd Drimma wean s gwesn sei) san d Gschdetn owegwezd in foen Galop und haum an Lifdla ins Wossa gmochd und san dasoffm.
Auf des aufe san d Sauhoeda oogrissn wia r a Fiazkazwian und haum de Gschichd in da Schdod drin und aum Laund draussd iwaroe weidadrodschd. Drauf san d Leid ole hii, schaun, wos los is.
Und si san zan Jesus kuman und haum xäng, das dea, wos fuahea den Oaschfoe Deifän ghobt hod, gmiadlich duat laand, in ana sauwan Bania und gaunz beinaunda in da Marün. Jezd is eana d Muffm gaungan.

Die Augenzeugen erzählten ihnen nun, wie es mit dem Besessenen zugegangen war, und auch das von den Schweinen.
Da baten sie ihn, er möge ihr Gebiet verlassen.
Als er nun in das Boot stieg, bat ihn der (geheilte) Besessene, bei ihm bleiben zu dürfen.
Er ließ ihn aber nicht zu, sondern sprach zu ihm: „Geh nach Hause zu den Deinen und erzähle ihnen, was der Herr Großes an dir getan und (wie er) sich deiner erbarmt hat."
Da ging er hin und fing an, in der Dekapolis zu verkünden, was Jesus Großes an ihm getan hatte. Und alle gerieten in Staunen.

Heilung einer Frau und Auferweckung der Tochter des Jairus

MARKUS 5,21–43

Und als Jesus im Boote wieder ans andere Ufer hinübergefahren war, versammelte sich eine große Volksmenge um ihn; und er befand sich am See.
Da kam einer der Synagogenvorsteher, namens Jairus. Als er ihn erblickte, fiel er ihm zu Füßen und bat ihn flehentlich: „Mein Töchterchen liegt im Sterben. Komm und lege ihr die Hände auf, damit sie gerettet wird und am Leben bleibt."
Da ging er mit ihm, und eine große Menge folgte ihm und umdrängte ihn.

Und de, wos fuahea dabei gwesn san, haum eana gschüdad, wia si des oogschbüd hod mid den Narischn und d Sei.
Drauf haum s ole in Jesus augraunzd, ea soe si oosäun aus dera Geengd.
Wia da Jesus nocha in eana Schinakl eigschdiing is, is eam da Schwindliche fo fuahea augaungan, ea soe eam midneman.
Owa da Jesus hod ned meeng und hod xogd: „Gä liawa haam zu deine Leid und dazöö eana, wos fia r a unhamliche Gschichd da Heagod mid dia aufgfiad hod und wia r a si daboamd hod."
Jezd hod si dea Hawara gschlichn und hod in gaunz Dekapolis gschüdad, wos a Unhamlix mi n Jesus dalebd hod; drauf is eana oen d Lod owegfoen.

A Weibsbüd wiad wida xund und a Ma'l wida lewentich

Wia da Jesus nocha wida zruk is mid da Zün auf d heriware Seitn, is aum Schdraund glei wida a Bahöö losgaungan.
Und auf amoe is ana fo d Mocha fo da Sinagoong audaamed; Jairus hod a ghaassn. Wia eam dea daschbeanzld hod, hod a si fua eam auf d Ead ghaud und hod eam auxempad und hod gjeiad: „Heasd, mei Ma'l, mei glans, reissd ma a Bangl. Kentazd ned kuman, bitschee, und ia an Deita geem, damid sa si dafaungd und leem duad?"
Oesdan, is da Jesus hoed mid eam mid. Und a Schiwe Leid san eam noch wia r a Rozznschwaaf, und si san eam

Und da war eine Frau, die seit zwölf Jahren an Blutungen litt
und von vielen Ärzten viel ausgestanden und ihr ganzes Vermögen daraufgewendet hatte, ohne daß es etwas genützt hätte, es war vielmehr immer schlimmer mit ihr geworden.

Die hatte von Jesus gehört und trat nun unter der Menge von hinten hinzu und berührte seinen Mantel.
Denn sie dachte: „Wenn ich auch nur seine Kleider berühre, werde ich geheilt werden."
Und sofort versiegte die Quelle ihres Blutes, und sie spürte es an ihrem Leibe, daß sie von ihrem Leiden geheilt war.
Sofort aber merkte Jesus an sich, daß eine Kraft von ihm ausgegangen war, wandte sich in der Volksmenge um und sprach: „Wer hat meine Kleider berührt?"
Seine Jünger antworteten ihm: „Du siehst doch, wie das Volk dich umdrängt, und fragst: ‚Wer hat mich berührt?'"
Er aber schaute sich rings um, um die zu sehen, die das getan hatte.

Da kam die Frau heran voll Furcht und zitternd, weil sie wußte, was an ihr geschehen war, fiel vor ihm nieder und sagte ihm die ganze Wahrheit.
Er aber sprach zu ihr: „Tochter, dein Glaube hat dir Heilung gebracht. Geh hin in Frieden und sei geheilt von deinem Leiden."

so zuwegräud, das s eam fo rundumadum gschdessn und busariad haum.
Jezd is do a Weibsbüd gwesn, de hod seit zwöf Joa in ana Dua d Gschichd ghobd;
und si is fo an Dokta zan aundan grend, und ia gaunze Mos is dabei tschale gaungan, owa Neaweat hod s kan ghobd, wäu s nua olawäu nu bediinda wuan is.

Wia de des gaunze Gschraa iwa n Jesus ghead hod, hod sa si duach den Balawadsch, wos um eam umadum woa, duachgwuzld und is eam fo da Maschekseitn zuwegräud und hod sei Bania audopd,
wäu si hod gmaand: „Waun i nua sei Schoen auria, wea i scho xund wean."
Und glei hod s aufghead zan Bliatn und hod gschbiad in ian Gschdö, das s a End hod mid ian Gschea.
Jezd hod da Jesus owa gneissd, das si iangd wos oogschbüd hod mid eam, und hod d Leid gfrogd: „Wea hod mei Bania augriffm?"
Drauf haum seine Hawara xogd: „Gä heasd, siachsd ä, wos fia r a Bahöö is, und das di ole schdessn, und daun frogsd, wea di augriad hod?"
Owa ea hod gschbechdld, wo de is, wos des dau hod.

Jezd is den Weibsbüd uandlich s Glapal gaungan, zidad hod s wia r a Lampeschwaaf, wäu s genau gwussd hod, wia des bassiad is mid ia; no, is s hoed audaunzd, hod si fua seine Realn gschmissn und hod eam oes xungan, wia s gwesn is.
Drauf hod a zu ia xogd: „Is scho rechd, dei Zuadraun hod di in d Uadnung brochd. Säu di oo in ola Rua, dei Gschea soe grizzd sei."

Während er noch sprach, kamen Leute des Synagogenvorstehers und sagten: „Deine Tochter ist gestorben. Was bemühst du den Meister noch?“

Jesus aber, der auffing, was da gesprochen wurde, sagte zu dem Synagogenvorsteher: „Fürchte dich nicht, glaube nur!“
Und er ließ niemand mit sich gehen außer Petrus, Jakobus und Johannes, den Bruder des Jakobus.
So kamen sie zum Haus des Synagogenvorstehers, und er nahm den Lärm wahr und wie sie weinten und laut wehklagten.
Nachdem er eingetreten war, sprach er zu ihnen: „Was lärmt und weint ihr? Das Kind ist nicht tot, sondern es schläft.“ Da lachten sie ihn aus.
Er aber wies alle hinaus, nahm des Kindes Vater und Mutter sowie seine Begleiter mit sich und ging (in die Kammer), wo das Kind war.

Und er ergriff die Hand des Kindes und sprach zu ihm: „Talita kum“, was übersetzt heißt: „Mädchen, ich sage dir, steh auf.“
Und sofort stand das Mädchen auf und ging umher. Es war nämlich zwölf Jahre alt. Und sogleich gerieten sie außer sich vor großem Staunen.
Er aber gebot ihnen streng, daß niemand das erfahren dürfe, und sagte, man solle ihr zu essen geben.

Dawäu a nu so balawad hod, san a boa fon Jairus seine Untaleifän eigridn und haum zu eanan Kapo xogd: „Dei Ma'l is ä scho umegschdauntn, brauchsd in Hean Scheef nimma um an Boad gee!"

Da Jesus hod gschbaund, wos s do dazööd haum, und hod zu den Sinagoongkapo xogd: „Weng den brauchsd kane Fedan haum, muassd di nua aum Heagod falossn."
Und ea hod si nua in Petrus und in Jakobus und den sein Bruadan, in Johannes, midgnuman, sunzd kan, und daun san s zan Jairus haam. Duat woa r a Muadsgrawäu, und d Leid haum ole gread wia d Schloshund.
Is a oeso eine und hod xogd: „Wos mochz n so an Wiawe? Wos blaaz z n a so? Des Mentschal is doo goa ned oogrozzd, des büsld nua." Drauf haum sa si gaunz sche zbead iwa eam.
Owa ea hod s ole aussegschdampad und is mid d Oedn fo den Baumpalädschn und mid seine Schbäze eine in des Kawinetl, wo dea Gschropp gleeng is.

Duat hod a de Glane bei n Brazl bokd und hod xogd: „Talita kum!" des haassd sofü oes wia: „Mentschal, i sog da s, schdä auf!"
Und des Ma'l is aufgräud und is umadumghupfd, wia waun nix gwesn waa. Zwöf Joa woa s oed. Und d aundan san ole dogschdauntn wia s Mandl fua n Schdeaz.
Und ea hod eana an uandlichn Schdessa geem, si soen jo d Goschn hoedn iwa de Gschichd; und den glan Haschal soen s gfölixd wos zan Hawan bringan.

Jesus in Nazaret

MARKUS 6,1–6

Und er zog von dort weiter und kam in seine Vaterstadt und seine Jünger folgten ihm nach.
Und als der Sabbat gekommen war, begann er in der Synagoge zu lehren, und die Vielen, die ihm zuhörten, staunten und sagten: „Woher hat er das? Und was ist das für eine Weisheit, die dem gegeben wurde? Und solche Machttaten geschehen durch seine Hände?
Ist das nicht der Zimmermann, der Sohn der Maria und ein Bruder des Jakobus, Joses, Judas und Simon? Und sind nicht seine Schwestern hier bei uns?“ Und sie nahmen Anstoß an ihm.
Und Jesus sprach zu ihnen: „Nirgends gilt ein Prophet weniger als in seiner Vaterstadt, bei seinen Verwandten und in seinem Hause.“
Er konnte dort nicht eine Machttat wirken, nur einigen Kranken legte er die Hände auf und heilte sie.
Und er wunderte sich über ihren Unglauben; und er durchwanderte die umliegenden Dörfer und lehrte.

Die Aussendung der zwölf Jünger

MARKUS 6,7–13

Und er rief die Zwölf zu sich und begann sie

Da Jesus in Nazaret

Daun hod a si iwa d Heisa ghaud und is haam aum Grund wo r a hea woa, und seine Hawara san mid mid eam. Wia s jezd Schabbes wuan is, hod a in da duatign Sinagoong aa augfaungd zan Schüdan. Und fü, wos eam zuaghuachd haum, haum si ned aussexäng mid seina Bosd und haum si d Goschn zrissn driwa: „Wo hod a n des hea? Wos san des fia Safaladeschmää, wos a do daheazaad, da Hea Owagneissa? Auf wos aufe draad a n de gaunzn jassischn Danz zaum?
Wea is a n leichd? Da Baudischlaxöö, aa scho wos, da Baungad fo da Maria! Wos brauchd a n uns mi n Dää aulaan, mia kenan eam doo, wäu ä seine gaunzn Leid doda bei uns loschian: da Joses, da Judas, da Simon und a Schiwe Mentscha aa!“ Pfäu, de haum da r an Boad gschliffm auf eam.
Drauf hod da Jesus xogd: „I waass s ä, wia s is: waun sd a Kapazunda bisd, reissd dahaam aum Grund aum wenixdn a Leiwal.“
Und ea hod duat ka anziche gräware Hokn zaumdraan kenan; nua a boa Marode hod a mid seine Hend augriad und hod s auf de Dua xund gmochd.
Und ea is uandlich in Graas gaungan, wäu de ole so an Baam aufgschdöd haum. Nocha is a in d Deafa in da Geengd umadumghaadschd und hod iwaroe sei Bosd gschüdad.

Wia r a seine zwöf Schbäze in Griag schikd

Daun hod a si seine zwöf Schbäze eidäud und hod s in Griag gschikd, olawäu zwa und zwa, und ea hod

paarweise auszusenden, und gab ihnen Vollmacht über die unreinen Geister,
und gebot ihnen, nichts mitzunehmen auf den Weg außer einem Stab, kein Brot, keine Tasche, kein Geld im Gürtel.
Nur Sandalen sollten sie tragen, aber keine zwei Röcke anziehen.
Und er sprach zu ihnen: „Wo ihr in ein Haus einkehrt, da bleibt, bis ihr von dort weiterwandert.
Und wo ein Ort euch nicht aufnimmt und man euch nicht hören will, da geht fort und schüttelt den Staub von euren Füßen, ihnen zum Zeugnis."
Darauf zogen sie aus und predigten, daß man umkehren solle.
Dabei trieben sie viele Dämonen aus und salbten viele Kranke mit Öl und heilten.

Herodes und Jesus

MARKUS 6,14–16

Und der König Herodes hörte davon; denn sein Name war bekannt geworden, und man sagte: „Johannes der Täufer ist von den Toten auferstanden, und darum wirken die (Wunder-)Kräfte in ihm."
Andere aber sagten: „Er ist Elija." Wieder andere sagten: „Er ist ein Prophet wie einer der Propheten."

eana beibrochd, wia ma denan Deifän d Gas oodraad.
Und ea hod eana gschoffd, si deafm nix aundas midzaan auf d Woez wia r an Schdekn: kan Binkl, ka Menaasch, ka Marii;
nua mid an Boa Bek soen s ausreidn und mid ana anzichn Bania.
Und ea hod zu eana xogd: „Waun s eich wo eilonds bei iangd wem, daun bleibz duat bikkn, bis s wida ooreissz aus dera Geengd.
Und waun s eich wo ned haum woen, waun s dan, wia waun s auf den Uawaschl dearisch waan, daun mochz Mäta und buzzz eich oo, wäu des san Hodalumpm."
Auf des aufe san s oeso ausgridn und haum iwaroe eana Bosd gschüdad, damid s denan Leidn d Wa'ln fiaririchdn.
Und si haum a schene Leng Deifän ausgjaukd und haum d Marodn und Haadschadn mit Öö eigschmiad und haum s dera Oat xund gmochd.

Da Herodes und da Jesus

Mid da Zeid hod da Herodes de gaunze Gschichd gschbaund, wäu s iwaroe so a Wossa gmochd haum mid Jesus hii und Jesus hea. Und fü haum xogd: „Da Johannes, dea wos d Leid daufd hod, dea is wida aus da Gruam retua kuman; weng den fiad a soeche Danz auf."
A boa haum aa gmaand: „Ea is da Elias", und nu aundare: „Ea is a Brofät, wia soechane Brofätn hoed san."

Als aber Herodes das hörte, sagte er: „Johannes, den ich habe enthaupten lassen, der ist auferweckt worden."

Die Enthauptung Johannes des Täufers

MARKUS 6,17–29

Herodes nämlich hatte selber den Johannes festnehmen und ihn im Gefängnis fesseln lassen wegen der Herodias, der Frau seines Bruders Philippus. Weil er die geheiratet hatte,

hatte Johannes zu Herodes gesagt: „Es ist dir nicht erlaubt, die Frau deines Bruders zu haben."

Das trug Herodias ihm nach und hätte ihn gern umbringen lassen, konnte es aber nicht,

denn Herodes fürchtete den Johannes, weil er wußte, daß er ein gerechter und heiliger Mann war, und er ließ ihn bewachen. Und wenn er ihn hörte, wurde er sehr verlegen, doch hörte er ihn gern.

Es kam ein gelegener Tag, als Herodes an seinem Geburtstag ein Festessen gab für seine Würdenträger und Offiziere und die Vornehmen Galiläas;

da trat ihre, der Herodias, Tochter herein und tanzte und gefiel dem Herodes und seinen Gä-

Owa wia da Herodes des oes ghead hod, hod a xogd: „A wos, da Johannes is s, den wos i ooschä'ln lossn hob, dea is wida aus da Gruam fiaragräud!"

Wia da Deifa-Johannes oogschä'ld wuan is

Des woa nemlich a so: Da Herodes hod in Johannes domoes zeaschd amoe seine Bugln aufeghussd, damid s eam heabei'ln, und daun hod a n eignaad in sein Heefm, wäu s d Herodias so woen hod – des woa d Oede fo sein Bruadan, in Philippus, wos a si aufgrissn hod. Und da Johannes hod zu eam xogd: „Gä, is des a Gheadsi, das d a Bantschal mid dein Bruadan seina Oedn hosd?"
Gloa, das eam d Herodias auf des aufe scho gfressn ghobd hod; haamdraan häd s eam gean lossn, owa do hod s kan Beka gmochd.
Ea, da Herodes, hod nemlich Fedan ghobd fua n Johannes, wäu a gwussd hod, des is a Söö fo an Mentschn oda womeglich goa a Häulicha; weng den hod a aa aufbassd auf eam wia r a Haftlmocha. Und waun a eam redn ghead hod, hod a si scheniad fua eam, owa ea hod eam hoed doo gean zuaghuachd.
Jezd hod da Herodes owa amoe zu sein Gebuazdog d gaunze Hotwolää und iwahaupd oes, wos in Galiläa a Renomää ghobd hod, eiglond.
Und bei dera Tschecharei is auf amoe da Herodias ia Ma'l daheaghupfd und hod an Daunz higleegd, das oes boschd hod. Und in Herodes und de gaunze Batii, wos do umadumknozd is, hod s aus d Bek ghaud, so gamsig

sten. Der König aber sagte zu dem Mädchen: „Begehre von mir, was du willst, ich werde es dir geben.“

Und er schwur ihr: „Was du auch von mir begehrst, werde ich dir geben, bis zur Hälfte meines Reiches.“

Da ging sie hinaus und sagte zu ihrer Mutter: „Was soll ich begehren?“ Die aber sagte: „Das Haupt Johannes’ des Täufers.“

Sofort eilte jene zum König hinein und bat: „Ich will, daß du mir sogleich auf einer Schüssel das Haupt Johannes’ des Täufers gibst.“

Da wurde der König sehr betrübt, doch wegen seiner Schwüre und wegen der Gäste wollte er sie nicht abweisen.

Und sofort schickte der König einen von der Leibwache ab mit dem Befehl, sein Haupt zu bringen. Der ging hin, enthauptete ihn im Gefängnis,

brachte sein Haupt auf einer Schüssel und gab es dem Mädchen, und das Mädchen gab es seiner Mutter.

Als seine Jünger das hörten, kamen sie, holten seinen Leichnam und setzten ihn in einem Grabe bei.

Die erste Brotvermehrung

MARKUS 6,30–44

Und die Apostel kamen (wieder) bei Jesus zusammen und berichteten ihm alles, was sie getan und was sie gelehrt hatten.

Und er sprach zu ihnen: „Kommt (mit mir), ihr allein, an einen einsamen Ort und ruht ein wenig

san s drauf wuan. Jezd hod da Kenich oeso zu den Mensch xogd: „Wintsch da wos, iangd wos, auf wos d an Gusta hosd, und i gib da s."
Und ea hod ia s fraunk gschwoan: „Wuaschd, um wos d mi augäsd, i gib da s, sogoa waun s mei hoewads Laund is."
Drauf is s ausse und hod ia Oede gfrogd: „Du, um wos soe i eam augee?" Und d Herodias hod xogd: „Um an Schä'l fon Johannes."
Und dea Baungad is wida eine zan Kenich und hod xogd: „I mecht s Happe fon Johannes in an Lawua, owa glei."
Jezd hod da Herodes in Fooz hengan lossn. Owa wäu a s gschwoan ghobd hod und weng dera gaunzn Xööschofd rundumadum hod a ned zrukschdekn kenan.
Hod a hoed an fo seine Bugln gschikd, ea soe eam des Happe daheazaan. Und dea is oogschoom und hod in Johannes drin in Loch oogschä'ld
und hod sei Ruam in an Lawua daheazaad und hod s den Ma'l zuweghaud, und de hod s glei ira Oedn brochd.
Wia des in Johannes seine Hawara ghead haum, san s daheagräud und haum d Leich gnuman und haum s eigleffed.

Wia a muaz Haufm Leid mid a boa Laab Brod gnua griagd

Und in Jesus seine Schbäze san wida ole bei eam zaumkuman und haum eam dazööd, wos s iwaroe zaumdraad und gschüdad haum.
Nocha hod a zu eana xogd: „Gäz, gem ma alaa in d Aaschichd ausse, duat kenz eich a Randl ausrostn." Wäu

aus.“ Denn es waren viele, die da kamen und gingen, daß sie nicht einmal Zeit zum Essen hatten.
So fuhren sie mit einem Boot an einen einsamen Ort, um allein zu sein.
Aber man sah sie abfahren, und viele merkten es, und sie liefen zu Fuß aus allen Städten dorthin zusammen und kamen noch vor ihnen an.

Und als er ausstieg, sah er eine große Volksmenge und wurde von Mitleid mit ihnen ergriffen, denn sie waren wie Schafe, die keinen Hirten haben, und er begann, sie vieles zu lehren.
Und als es schon spät geworden war, traten seine Jünger zu ihm hin und sagten: „Die Gegend ist einsam, und es ist schon spät.
Entlasse sie, damit sie in die umliegenden Höfe und Dörfer gehen und sich etwas zu essen kaufen.“
Doch er antwortete ihnen: „Gebt ihr ihnen zu essen.“ Da sagten sie zu ihm: „Sollen wir gehen und für zweihundert Denare Brot kaufen und ihnen zu essen geben?“
Er aber sprach zu ihnen: „Wie viele Brote habt ihr? Geht, schaut nach!“ Und als sie nachgesehen hatten, sagten sie: „Fünf, und zwei Fische.“
Da befahl er ihnen, alle sollten sich in Tischgemeinschaften auf dem grünen Gras lagern.
Und sie lagerten sich in Gruppen zu je hundert und fünfzig.

es woa in ana Dua so a Bahöö, das s ned amoe zan Hawan kuman san.
Und ea is mid eana in ana Zün ausse in d Aaschichd, in d Ghaam.
Und d Leid haum eam ooboschn xäng; jezd haum owa fü, de wos eam kend haum, oogneissd, wo r a hii wü; oeso san s aus de gaunzn Deafa rundumadum z Fuas ausgridn, aa duathii, und si haum si so dummed, das s sogoa nu fua eam duat woan.

Wia da Jesus nocha aus da Zün ghapd is und den Haufm Leid daschbeanzld hod, haum s eam laad dau, wäu s woan oes wia Lampän, wos kan Hoeda haum. Oesdan, hod a si an Auraund gnuman und hod eana a schene Leng gschüdad.
Und wia s nocha scho schbäd woa, san eam seine Schbäze zuwegräud und haum xogd: „Heasd, do heraussd is s uandlich schdia, und finsta wiad s aa scho. Gä, blaunk oo, damid si de gaunzn Leid in d Kaffs umadum wos zan Schlikkn aufreissn kenan. Wäu fo de hod do kana a Jausn mid."
Drauf hod da Jesus gmaand: „Gebz eana hoed ia wos zan Schekln!" – „Sunzd nu wos", haum s groschbed, „soe ma leichd in da Gschwindichkeit um zwahundad Blera a Brod daheazaan und eana eineschopm?"
Jezd hod a s gfrogd: „Wüfü Laab hobz n mid? Gäz nochschaun." Und wia s nochgwassad ghobd haum, haum s xogd: „Fümfe, und zwa Fiisch."
Drauf hod a augschoffd, d Leid soen si grezzlweis ins Gros haun.
Und de haum si hiiknozd in Fuchzga- und Hundada-Batiin.

Da nahm er die fünf Brote und die zwei Fische, blickte zum Himmel auf, sprach das Segensgebet, brach die Brote und gab sie den Jüngern, damit sie sie ihnen vorlegten; auch die zwei Fische teilte er an alle aus.
Und alle aßen und wurden satt.
Und sie hoben die Brocken auf, zwölf Körbe voll, und Reste von den Fischen.
Und die die Brote gegessen hatten, waren fünftausend Männer.

Jesus wandelt auf dem Wasser

MARKUS 6,45–52

Und sofort nötigte er seine Jünger, in das Boot zu steigen und nach Betsaida vorauszufahren, während er selbst das Volk entlassen wollte.
Und als er sie verabschiedet hatte, ging er auf den Berg, um zu beten.
Inzwischen war es Abend geworden, und das Boot war mitten auf dem See. Er war allein auf dem Land.
Als er sah, wie sie sich beim Rudern abquälten – sie hatten nämlich Gegenwind –, da kam er um die vierte Nachtwache auf dem See schreitend zu ihnen und wollte an ihnen vorübergehen.
Als sie ihn aber auf dem See schreiten sahen, meinten sie, es sei ein Gespenst, und schrien auf.
Denn alle sahen ihn und waren entsetzt. Er aber

Und ea hod si de fümf Laab und de zwa Fiisch glengd, hod in d Hää aufe gschaud, hod daungschee xogd und hod den Käda zdreamsld; daun hod a seine Schbäze de Drimma ausdäun lossn; de zwa Fiisch hod a in da gleichn Dua aum Moakd ghaud.
Und d Leid haum si ole aubaumbft, bis kana mea bap song kena hod.
Daun haum s d Brekaln, wos iwablim san, zaumglaubd: zwöf Keab foe woan s, und Restln fo d Fiisch exdra nu. Dabei woan des a fümfdausnd Leid, wos do ghawad haum.

Da Jesus maschiad mitn aum Wossa

Nocha hod a seine Hawara in d Zün gschdampad, damid s dawäu noch Betsaida ume furausfoan, bis a mid d Leid featich is.
Und wia r a s daun ole los ghobd hod, is a auf a Beagl duat aufe und hod bädt.
Dera Wäu is s Nochd wuan, und d Zün woa mitn auf da Lokkn, und ea is alaa aum Schdraund glaand.
Jezd hod a fo da Weidn daschbeanzld, das sa si draussd aum Wossa ned aussesäng; des is, wäu da Wind fo da Maschekseitn kuman is. Oesdan, is a so – um a zwöfe wiad s gwesn sei – ausse zu eana. Mitn aum Wossa is a maschiad und woet aun eana furiwa.
Wia s n so aum Sää schbaziangee xäng haum, haum s denkd, ea is a Gschbenzd, und haum an Schraa gmochd. Wäu si haum eam ole midanaunda gaunz deitlich daschbeanzld, und auf des aufe san eana uandlich d Grausbian aufgschdiing. Jezd hod a s aughaud und hod

redete sie sogleich an und sprach zu ihnen: „Mut! Ich bin es. Fürchtet euch nicht."
Dann stieg er zu ihnen ins Boot, und der Wind legte sich. Da kamen sie ganz außer sich vor Staunen,
denn sie waren bei den Broten nicht zur Einsicht gekommen, sondern ihr Herz war verhärtet.

Krankenheilungen in Gennesaret

MARKUS 6,53–56

Und sie fuhren hinüber ans Land, kamen nach Gennesaret und legten an.
Und wie sie aus dem Boot stiegen, erkannte man ihn gleich
und lief in der ganzen dortigen Gegend umher und begann die Kranken auf Bahren dorthin zu tragen, wo man hörte, daß er sei.
Und wo er in ein Dorf oder eine Stadt oder ein Gehöft kam, legten sie die Kranken auf die Plätze nieder und baten ihn, daß sie wenigstens die Quaste seines Gewandes berühren dürften.
Und alle, die es berührten, wurden geheilt.

Streitrede über die pharisäischen Überlieferungen

MARKUS 7,1–13

Und es versammelten sich um ihn die Pharisäer und einige Schriftgelehrte, die aus Jerusalem gekommen waren.

eana zuagredt: „Daz eich nix au, bi ä nua i, weng den brauchd eich doo ned d Muffm so gee.“
Daun is a zu eana eineghapd in d Zün, und glei hod si da Blasius draad. Jezd is eana d Lod owegfoen auf dausnd, wäu bei dera Gschichd mi n Brod is eana an Schmoan da Knobf aufgaungan, naa, nu schduaschä'lada san s wuan dabei.

Wia da Jesus in Gennesaret d Leid xund mochd

Daun san s umegfoan auf d driware Seitn und san noch Gennesaret kuman und haum eana Schinakl auns Laund gschdessn;
owa glei wia s aussegräud san, haum eam d Leid oogneissd
und haum s in da gaunzn Geengd weidadrodschd, das a doda is. Jezd haum s eam fo iwaroe rundumadum d gaunzn Marodn auf Hapfm und Dragln daheazaad. Und waun a iangd wo in an Duaf oda in ana Schdod oda in an Aaschichdhof eigridn is, haum s di Hiinichn und Bediindn duat aum Blazzl auf d Ead glegd und san eam augaungan, ea soe eana wenixdns iangd a Gwasdl fo seina Bania augreifm lossn. Und ole, wos eam audopd haum, san bumpalxund wuan.

Da Jesus hod an Kööch mid d Farisea weng eanare Fuaschrifdn

Aaundas Moe san eam d Farisea und a Däule Biwegneissa aus Jerusalem zuwegräud.
Und wia de xäng haum, das a boa fo seine Hawara mid

Und als sie einige seiner Jünger mit unreinen, das heißt ungewaschenen Händen essen sahen – die Pharisäer und alle Juden essen nämlich, getreu der Überlieferung der Alten, nur, wenn sie sich mit einer Handvoll Wasser die Hände abgespült haben.

Auch wenn sie vom Markt kommen, essen sie nicht, ohne sich gewaschen zu haben, und noch vieles andere gibt es, was sie der Überlieferung gemäß beobachten: das Abspülen von Bechern, Krügen und Kupfergeschirr –,
da fragten ihn die Pharisäer und Schriftgelehrten: „Warum wandeln deine Jünger nicht nach der Überlieferung der Alten, sondern nehmen ihre Mahlzeit mit unreinen Händen ein?"
Er aber sprach zu ihnen: „Gut hat Jesaja von euch Heuchlern geweissagt, wie geschrieben steht: ‚Dieses Volk ehrt mich mit den Lippen, doch ihr Herz ist fern von mir.
Vergebens aber ehren sie mich, indem sie Menschensatzungen als Lehre vortragen.'

Gottes Gebot laßt ihr außer acht und haltet Menschenüberlieferung fest."
Und er sprach zu ihnen: „Gar fein hebt ihr

oadenäre, godichkeid mid drekiche Brozn wikln, haum s zan Modschgan augfaungd.
Wäu d Farisea und iwahaupd d gaunzn Judn haum si nemlich nua daun wos hawan draud, waun sa si, wia s in d oedn Fuaschrifdn falaungd wiad, fuahea mid an Lakkal Wossa d Pfodn oogschwabd haum.

Waun s fo da Hokkn haamkuman san, haum s nix gfressn, befua sa si ned gwoschn haum; und nu an gaunzn Schiwe soechane Danz haum sa si augweend: das s eanare Griagln, Reindln, Heefm und blechanan Biidschn oewäu a bisl ausschwaam und lauta soeche Schbompana'ln.
Jezd haum eam d Farisea und d Biwegneissa oeso gfrogd: „Heasd, wiaso schean si deine Hawara an blaun Deife um d Fuaschrifdn fo d Oedn und schekln mid drekiche Brozn?"
Jezd is eana da Jesus mid ana xundn Retuagudschn kuman und hod xogd: „Fraunk, da Jesaias hod eich foesche Baklrass scho domoes wia r aus n Xichd grissn oogschüdad, aun dera Schdö fo da Biwe, wo a in Heagod song lossd: ‚De Bagaasch reissd gros d Goschn auf iwa mi, das i sofü leiwaund bi, und dawäu bin i eana ä blunzn.
Owa do foan s bei mia aum Daumpfa, waun s denan Leidn beibringan, das s Wichdixde d Baragrafm san, wos si iangd so a Owagneissa amoe aus d Finga zuzld hod.'

No, schdimd s leichd ned? Wos da Heagod augschoffd hod, is eich doo bowi'l; nua bei eichare Baragrafm und Fuaschrifdn, do saz I-Dipfal-Reida."
Und daun hod a xogd: „Des is fraunk unhamlich, wia s ia

Gottes Gebot auf, um an eurer Überlieferung festzuhalten.
Mose nämlich hat gesagt: ‚Ehre deinen Vater und deine Mutter', und: ‚Wer Vater oder Mutter schmäht, soll des Todes sterben.'
Ihr aber sagt: ‚Wenn jemand zu seinem Vater oder zu seiner Mutter sagt: Korban (das heißt Opfergabe) sei, was dir von mir zugute kommen sollte',
dann laßt ihr ihn für seinen Vater oder für seine Mutter nichts mehr tun
und schafft damit das Wort Gottes durch eure Überlieferung, die ihr überliefert habt, ab. Und dergleichen tut ihr vieles."

Was rein und unrein macht

MARKUS 7,14–23

Und er rief das Volk wieder herbei und sprach zu ihnen: „Höret mich alle und verstehet:
Nichts, was von außen in den Menschen kommt, kann ihn unrein machen, sondern das, was aus dem Menschen herauskommt, das ist es, was den Menschen unrein macht.
Wer Ohren hat zu hören, der höre."
Und als er von der Menge weg ins Haus gegangen war, fragten ihn seine Jünger nach dem Gleichnis.
Da sprach er zu ihnen: „Seid auch ihr ohne Verständnis? Begreift ihr nicht, daß alles, was von außen in den Menschen hineinkommt, ihn nicht unrein machen kann,
weil es nicht in sein Herz hineingelangt, sondern in den Bauch, und (dann) in den Abort hinaus-

des oobei'lds, wos da Heagod falaungd hod, nua damid s eichare Fuaschrifdn hoedn kenz.
Zan Beischbü hod da Moses xogd: ‚Du soesd auf dein Fodan und dei Muada hoedn' und ‚Waun ana auf seine Oedn losgäd, daun ghead a eigandlich haamdraad.'
Owa ia wissz as jo bessa, ia dazööz: ‚Waun ana zu seine Oedn sogd: Des wos s fo mia griagd häz, des soe dafia Korban sei (des haassd: fia n Heagod), daun hod a rechd.' Und ea deafad nocha nix mea fia seine Oedn duan, waun s noch eich gangad.
Und auf de Dua schdöz eich dearisch geng des, wos da Heagod augschoffd hod, und buzzz eich oo, wäu s sogz: ‚Fuaschrifd is Fuaschrifd'. Und soeche Danz draaz ole Hundsminutn zaum."

Wos oadenäa is und wos ned

Und ea hod si wida den gaunzn Haufm Leid zaumgfaungd und hod xogd: „Heaz, huachz! Auswendich fo an Hawara gibz nix, wos an oadenäa oda drekich mochn kentad; naa, nua des, wos aus an aussegäd, des is s, wos an oadenäa mochd.
Wea Uawaschln hod, soe s aufschbean!"
Schbeda, wia r a d Leid laana lossn ghobd hod und wia s wida dahaam woan, haum eam seine Hawara gfrogd, wos a mid den Schmää gmaand hod.
Drauf hod a xogd: „Hobz ia aa a so a Bre'l fua n Kobf? Iwareissz leichd ned, das an nix oadenäa mochn kau, wos fo auswendich in an einegäd?
Wäu des gäd jo ned ins Heaz, oeso ins Gmiad eine, sondan nua in d Waumpm, und daun maschiaz hint

geht“, (und damit erklärte er alle Speisen für rein).

Er sprach aber: „Was aus dem Menschen herauskommt, das macht den Menschen unrein.

Denn von innen, aus dem Herzen der Menschen, kommen die bösen Gedanken, Unzucht, Diebstahl, Mord,

Ehebruch, Habsucht, Bosheit, Arglist, Ausschweifung, Neid, Lästerung, Hochmut, Unbesonnenheit.

Alles dieses Böse kommt von innen heraus und macht den Menschen unrein.“

wida ausse in Rettich, wia si s ghead.“ (Und auf de Dua hod a eana zagd, das a jeda Schekl koscha is.)
Und daun hod a nu xogd: „Wos aus an aussegäd, des mochd an oadenäa, auf des aufe wiasd a Ungusdl. Wäu fo eiwendich, aus n Heaz, aus n Gmiad, do kuman d gaunzn Greanan aussa: das ana ungschauda glei a jede audauchd, das a fladad wia r a Rob oda das a goa wem haamdraad;
das a sei Oede owehaud, das a a nodicha Bei'l is, wos in Schüling nochrend wia r a Wüda, oda a boshofz Gfrassd, wos an jedn oes zfleis duad; das a d Leid ums Haxl haud oda das a si depad frissd und si je'n Dog aureald und a gamsige Drexau is; das a kan wos fagund oda das a geng an Heagod modschgad; das a si aufbu'ld, wia waun a da Keisa fo Kina waa, oda das a hoed iwahaupd a Schoetl is. Fraunk, de gaunzn Heefmschdikln kuman fo eiwendich ausse, auf de aufe wiasd a Ungusdl, a oadenäara.“

VI Wanderungen außerhalb von Galiläa

Heilung der Tochter einer Syrophönizierin

MARKUS 7,24–30

Von da brach er auf und begab sich in das Gebiet von Tyrus. Und er ging in ein Haus und wollte nicht, daß es jemand erfahre. Doch er konnte nicht verborgen bleiben.
Sofort vielmehr hörte eine Frau von ihm, deren Töchterchen einen unreinen Geist hatte, kam und warf sich ihm zu Füßen.
Die Frau war aber eine Griechin, gebürtige

Wos a in d entan Grind driim driim hod

S Ma'l fo an auslendischn Weibsbüd kumd in Uadnung

Nocha is a wida ausgridn und is aufe in d Geengd fo Tyrus; duat hod a si fagräud und waa gean in da Ghaam blim; owa es is hoed doo aussakuman, das a do is. Dera Oat hod eam a Weibsbüd oogneissd, de wos a Ma'l mid an Beka ghobd hod. De is audaunzd und hod si fua seine Haxn auf d Ead ghaud.
Jezd woa des owa a grichischs Weibsbüd, aus Syrophönice, oeso kane fo d Unsrign. Und de hod eam

Syrophönizierin, und sie bat ihn, er möge den Dämon aus ihrer Tochter austreiben.
Da sprach er zu ihr: „Laßt erst die Kinder satt werden, denn es ist nicht recht, das Brot der Kinder zu nehmen und den Hündlein hinzuwerfen."
Sie aber erwiderte ihm: „Gewiß, Herr, doch auch die Hündlein unter dem Tisch fressen von den Brocken der Kinder."
Da sprach er zu ihr: „Um dieses Wortes willen geh hin, der Dämon ist aus deiner Tochter ausgefahren."
Und sie ging weg in ihr Haus und fand das Kind auf dem Bett liegend und den Dämon ausgefahren.

Heilung eines Taubstummen

MARKUS 7,31–37

Und nachdem er das Gebiet von Tyrus wieder verlassen hatte, kam er über Sidon an den galiläischen See mitten in das Gebiet der Dekapolis.
Da brachten sie einen Taubstummen zu ihm und baten ihn, ihm die Hand aufzulegen.
Und er nahm ihn aus der Menge heraus beiseite, legte ihm seine Finger in die Ohren und berührte seine Zunge mit Speichel,

augraunzd, ea soe den Deife aus ian Baumpalädsch ausjaukn.
Drauf hod da Jesus xogd: „Bass auf, zeaschd amoe kuman den Unsrign eanare Glanan drau; wäu schau: des waa ned di feine Oat, das ma a Bappal, wos fia d Gschroppm do is, nimd und denan Hundsfiichan hiischmeissd."
Owa des Weibsbüd woa aa ned auf da Nu'lsupm daheagschwuman und hod zrukgredt: „No jo scho, Hea Scheef, owa da Floki unta n Disch frissd jo aa d Brekaln, wos d Gschroppm foen lossn."
Jezd hod da Jesus xogd: „Brawo, auf den Wödschmää aufe kausd di ruich faroen, da Beka is scho oogrissn aus deina Glan."
Und de hod si ooxäud, und wia s haam kuma is, hod si ia Baumpalädsch gmiadlich in da Hapfm baazd, und da Beka woa bäule.

A Dearischa wiad hearad

Wia da Jesus nocha wida ooboschd is aus Tyrus und iwahaupd aus dera Geengd, is a aun Sidon fuariwa owe zua galiläischn Lokkn und ume in d Grind fo Dekapolis.
Duat haum s eam an Dearischn, dea wos exdra nu a Schdumal woa, daheabrochd und haum eam beknozd, ea soe eam mid seine Hend driwafoan.
Und da Jesus hod eam auf d Seitn zaad, in d Ghaam, hod eam d Finga in d Uawaschln dau und hod eam a bisl auf d Zungan gschlaazd,

blickte zum Himmel auf, seufzte und sprach zu ihm: „Epphata“, das heißt „Tu dich auf!“
Da öffneten sich seine Ohren, und das Band seiner Zunge löste sich, und er konnte richtig reden.
Und er befahl ihnen, es niemand zu sagen. Je mehr er es ihnen aber befahl, desto mehr verkündeten sie es.
Da waren sie ganz außer sich vor Staunen und sagten: „Gut hat er alles gemacht. Die Tauben macht er hören und die Stummen reden.“

Die zweite Brotvermehrung

MARKUS 8,1–10

Als in jenen Tagen wieder eine große Menschenmenge da war und sie nichts zu essen hatten, rief er die Jünger zu sich und sprach zu ihnen: „Mich erbarmt des Volkes,
denn schon drei Tage harren sie bei mir aus und haben nichts zu essen.
Und wenn ich sie hungrig nach Hause gehen lasse, werden sie unterwegs erliegen, denn manche von ihnen sind von weither gekommen.“
Da entgegneten ihm seine Jünger: „Woher soll man hier in der Wüste Brot hernehmen, sie zu sättigen?“

daun hod a in d Hää gschaud, hod an Schnaufa gmochd und hod xogd: „Epphata", des haassd sofü wia: „Gä auf!" Auf des aufe san den d Uawaschln aufgaungan, und ea hod auf amoe redn kenan wia r a Aansa, indem das des Kne'l, wos a in Mäu ghobd hod, grizzd woa.
Und da Jesus hod eana oen gschoffd, si soen de Gschichd jo ned weidadrodschn. Owa waasd ä, wia s gäd, waun sd an soxd, ea soe s zaumhoedn, daun reissd a d Bapm nua nu weida auf.
Jednfoes haum d Leid ole uandlich bled aus da Wesch gschaud, oes owegfoen is eana, und si haum xogd: „Pfäu, des is leiwaund, wos dea zaumdraad. D Dearischn mochd a hearad und d Schdumaln redad."

Nu amoe griagd a Haufm Leid mid a boa Reankn Brod gnua

Wia r a aundas Moe wida a bozzn Bahöö woa und kana fo den gaunzn Haufm Leid hod wos zan Hawan midghobd, hod si da Jesus seine Buaschn zaumgfaungd und hod xogd zu eana:
„Heaz, de dan ma fraunk laad: In de gaunzn drei Dog, wos s scho bikkn auf mia wia d Glettn, haum s nu nix zan Kiifen ghobd.
Owa waun i s jezd haamschdampa mizaumt eanan Flamoo, daun reissn s ma womeglich mitn auf da Schdrossn a Bangl, wäu d meisdn haum an gaunz sche bradn Weg zaus."
Drauf haum seine Schbäze gmaand: „Glaubsd leichd, in dera Aaschichd doda gibz an Greissla, wo ma a Brod aufreissn kenan, damid ma s fiadan?"

Und er fragte sie: „Wieviel Brote habt ihr?" Sie sagten: „Sieben."
Da ließ er das Volk sich auf die Erde lagern, nahm die sieben Brote, sprach das Dankgebet, brach sie und gab sie seinen Jüngern zum Austeilen. Und sie teilten sie unter das Volk aus.
Auch ein paar kleine Fische hatten sie, und er sprach das Segensgebet darüber und ließ auch sie austeilen.
Und sie aßen und wurden satt und hoben noch übriggebliebene Brocken auf: sieben Körbe voll.
Es waren aber ungefähr viertausend, und er entließ sie.
Gleich darauf bestieg er mit seinen Jüngern das Boot und kam in die Gegend von Dalmanuta.

Zeichenforderung der Pharisäer

MARKUS 8,11–21

Da kamen die Pharisäer herbei und fingen an, mit ihm zu streiten. Sie forderten ein Zeichen vom Himmel von ihm, um ihn zu prüfen.
Da seufzte er in seinem Geiste auf und sprach: „Was fordert dieses Geschlecht ein Zeichen! Wahrlich, ich sage euch: Kein Zeichen wird diesem Geschlecht gegeben werden."
Und er ließ sie stehen, stieg wieder ein und fuhr ans andere Ufer.

Hod a s oeso gfrogd: „Wüfü Laab hobz n ia mid?“ – „Siwane“, haum s xogd.
Jezd hod a augschoffd, d Leid soen si ole auf d Ead knozn, hod si de sim Laab glengd, hod sein Seawas in d Hää aufe gmochd, hod den Käda ausanaunda-gfeantschgad und hod de Drimma fo seine Hawara ausdäun lossn. Und de haum s unta s Foek ghaud.
Zan Driwaschdraan haum s nu a boa Fischln ghobd, iwa de hod a aa an Seeng gmuamed und hod s aa ausdäun lossn.
Und ole haum s gwikld und si d Waumpm foeghaud, bis s gnua ghobd haum; und d Brekkln, wos iwablim san, haum s zaumglaubd: sim Keab foe haum si zaumglepad; dabei woan des a fiadausnd Leid. Nocha hod a eana owa in Gschdis geem.
Daun is a mid seine Schbäze einegräud in eana Schinakl, und si san ume in d Geengd fo Dalmanuta.

D Farisea woen an Deita haum

Duat san eam wida amoe d Farisea zuwegschdiing und haum an Kööch mid eam augfaungd. An Deita fo da Hää owa soe a eana geem lossn, hedn s falaungd, wäu des hedn sa si gean augschaud.
Auf des aufe hod a ä scho wida gnua ghobd und hod gfäud: „Wos brauchd n de Baklrass olawäu zeaschd an Schdessa? Fraunk, Buaschn: De griang kan Deita, und waun sa si aum Kobf schdön!“
Und ea hod s auglaand lossn und is wida in d Zün eine und zruk gfoan auf d heriware Seitn.

Sie hatten aber vergessen, Brot mitzunehmen, und hatten nur ein einziges Brot bei sich im Boot.
Da warnte er sie und sprach: „Gebt acht und hütet euch vor dem Sauerteig der Pharisäer und vor dem Sauerteig des Herodes.“
Nun machten sie sich untereinander Gedanken, weil sie keine Brote hatten.
Er merkte es und sprach zu ihnen: „Was macht ihr euch Gedanken, weil ihr keine Brote habt? Merkt und versteht ihr noch immer nicht? Ist denn euer Herz verhärtet?
Augen habt ihr und seht nicht? Ohren habt ihr und hört nicht? Und erinnert ihr euch nicht,
als ich die fünf Brote brach für die Fünftausend? Wieviel Körbe voll Brocken habt ihr da aufgehoben?“ Sie antworteten ihm: „Zwölf.“
„Und bei den sieben für die Viertausend, wieviel Körbe voll Brocken habt ihr da aufgehoben?“ Sie sagten: „Sieben.“
Da sprach er zu ihnen: „Versteht ihr noch nicht?“

Heilung eines Blinden in Betsaida

MARKUS 8,22–26

Und sie kamen nach Betsaida. Da brachte man ihm einen Blinden und bat ihn, daß er ihn berühre.
Und er nahm den Blinden bei der Hand und führte ihn zum Dorf hinaus. Dann benetzte er dessen Augen mit Speichel, legte ihm die Hände auf und fragte ihn: „Siehst du etwas?“

Und in da Gschwindichkeid haum s ned drau denkd, das sa si a Jausn midneman; a anzix Laawal haum s midghobd.
Jezd hod eana da Jesus glei in furaus d Wa'ln fiarigrichdt und hod xogd: „Bassz jo auf, das s denan Farisean ned einefliagz auf eana Safalade, und in Herodes scho goa ned!"
Owa de san drozzdem ole midanaunda in Graas gaungan, wäu s nix zan Baumpfm ghobd haum.
Wia da Jesus des xäng hod, hod a xogd: „Wos draaz n glei duach, wäu s ka Jausn hobz? Gneissz leichd nu olawäu ned? Hobz a so a drum Bre'l fua n Kobf?
Hobz Aung in Schä'l oda Hosnknepf? Hobz Uawaschln oda Kööchbleedschn? Schdessd eich nix auf zweng dera Gschichd mid de fümf Laab, wos i zdreamsld hob fia fümfdausnd Leid? Wüfü Keab foe Brekkln hobz n do zaumglaubd?" Drauf haum s gmaand: „Zwöfe."
„Und bei de sim Laab fia d fiadausnd Leid, wüfü Keab woan s do?" – „Siwane."
„No oesdan", hod a xogd, „und do gäd eich nu olawäu ned da Gnobf auf?"

A Blinda in Betsaida siachd auf amoe wida wos

Nocha san s in Betsaida eigridn. Duat haum s eam an Blindn daheazaad und haum eam benzd, ea soe eam aurian.
Drauf hod a den Blindn bei n Brazl bokd und hod eam aus den Kaff ausse gfiad. Daun hod a eam a bisl Schbukke in d Aung gleend, hod eam d Hend aufedau und hod n gfrogd: „Siaxd wos?"

Und er begann zu sehen und sagte: „Ich sehe die Menschen. Denn ich sehe etwas wie Bäume umhergehen."
Hierauf legte er ihm noch einmal die Hände auf die Augen. Da sah er scharf und war wiederhergestellt und sah alles ganz deutlich.
Hierauf schickte er ihn nach Hause und sagte: „Geh aber nicht ins Dorf hinein."

Erste Leidensankündigung

MARKUS 8,27–33

Und Jesus ging mit seinen Jüngern weiter in die Dörfer bei Cäsarea Philippi. Unterwegs fragte er seine Jünger: „Für wen halten mich die Leute?"
Sie antworteten ihm: „Für Johannes den Täufer, andere für Elija, wieder andere für sonst einen Propheten."
Da fragte er sie: „Ihr aber, für wen haltet ihr mich?" Petrus antwortete ihm und sprach: „Du bist der Messias."
Da schärfte er ihnen aufs strengste ein, niemandem etwas von ihm zu sagen.
Und er begann, sie zu belehren, der Menschensohn müsse vieles leiden und von den Ältesten und Hohenpriestern und Schriftgelehrten verworfen und getötet werden und nach drei Tagen auferstehen.
Das sprach er ganz offen aus. Da nahm ihn Petrus auf die Seite und fing an, ihm Vorhaltungen zu machen.

Und dea hod umadumgluad und hod xogd: „I maan, i siach Leid. Wäu mia kumz fua, wia waun do wos in da Oat fo Baama umadumgräun däd."
Oeso hod a eam nu amoe d Hend iwa d Eigln ghoedn. Auf des aufe hod dea Hawara wida xäng wir a Aansa und woa wida so beinaund, das an jedn Glosscheambongo da Neid gfressn häd, schmääone.
Nocha hod eam da Jesus haamgschdampad und hod xogd: „Gä owa ned eine do ins Duaf!"

Da Jesus schüdad s easchde Moe, wos eam bliad

Und ea söwa is mid seine Schbäze weida und hod a Dua gmochd duach de gaunzn Nesda in da Geengd fo Cäsarea Philippi. Und in wäratn maschian hod a seine Hawara gfrogd: „Heaz, fia wos hoedn mi d Leid eigandlich?"
Drauf haum s xogd: „Fian Deifa-Johannes, und a boa fia n Elias, und a boa aundare fia sunzd iangd an Brofätn."
Daun hod a weida gfrogd: „Und ia, fia wos hoezz mi ia?"
Und da Petrus hod xogd: „Da Messias bisd, gö?"
Auf des aufe hod a eana an Schdessa geem, si soen jo nix weidadrodschn iwa eam.
Daun hod a si an Auraund gnuman und hod eana dazööd, das a ä was, das a schiach draukuma wiad und das eam de gaunzn Groskobfadn und Owapfoffm und Biwegneissa ooseawian wean und haamdraan wean, owa das a drei Dog schbeda wida oesa Lewenticha fiaragräun wiad aus da Gruam.
Des hod a eana grod a so einexogd, gaunz one Scheniara. Drauf hod n da Petrus auf d Seitn zaad und häd eam ausschdalian woen.

Er aber wandte sich um, blickte auf seine Jünger und fuhr den Petrus an: „Hinweg von mir, Satan! Denn du denkst nicht an die Sache Gottes, sondern die der Menschen."

Bedingungen der Nachfolge Jesu

MARKUS 8,34–38

Dann rief er das Volk samt seinen Jüngern herzu und sprach zu ihnen: „Wenn einer mir nachfolgen will, so verleugne er sich selbst und nehme sein Kreuz auf sich und folge mir nach.
Denn wer sein Leben retten will, der wird es verlieren. Wer aber sein Leben verliert um meinetwillen und um der Heilsbotschaft willen, der wird es retten.
Denn was nützt es dem Menschen, die ganze Welt zu gewinnen, aber sein Leben einzubüßen?
Was könnte ein Mensch als Preis für sein Leben geben?
Denn wer sich meiner und meiner Worte vor diesem ehebrecherischen und sündigen Geschlecht schämt, dessen wird sich auch der Menschensohn schämen, wenn er mit den heiligen Engeln in der Herrlichkeit seines Vaters kommen wird."

MARKUS 9,1

Und er sprach zu ihnen: „Wahrlich, ich sage euch: Unter denen, die hier stehen, sind einige,

Owa da Jesus hod si umdraad, hod auf seine aundan Schbäze hiigschaud und is in Petrus iwa s Mäu gfoan: „Schleich di, du Wa'lbeissa du! Wäu dia is s jo ned weng an Heagod, das d so hopadadschig daheareds d, naa, nua weng d Leid!"

Wos ana duan muas, waun a zan Jesus seina Batii ghean wü

Nocha hod a si d gaunzn Leid, wos eam nochgrend san, mizaumt seine Hawara heagwachld und hod xogd: „Waun ana zu meina Batii ghean wü, daun deaf a ned auf si söwa schaun und muas one an Mura oweschlukn, wos eam ned bassd, und soe midkuman. Wäu waun ana nix aundas in Schä'l hod wia des, das s eam jo ned darennd, daun darennd s eam, und schiach aa nu. Waun s owa an weng den darennd, das a auf mi hoedt und auf mei Bosd, daun brauchd a kane Fedan haum, das s eam darenna kent, wäu daun is de Gschichd scho grizzd.

Schauz: Wos kausd da n scho dafo oobeissn, das d griagsd, wos d wüsd – und dabei darennd s di? Wos maansd n, mid wos das d des brenan kentazd, das s di ned darennd?

Des sog i eich: Ana, dea wos si fua de gaunzn Ungusdln und Hundsfuada, wos auf dera Wöd umadumgräun, scheniad dafua, das a zu d Meinign ghead, fia den wea i mi aa schenian, waun i wida kum in an Schbalia fo lauta Engln und mi n gaunzn Damdam und Draraa fon Himefodan."

Und ea hod eana xogd: „Ans kau i eich farodn: Bei de Buaschn, wos doda umadumlaanan, san a boa, de wean die den Tod nicht kosten werden, bis sie das Reich Gottes in Kraft gekommen sehen."

Die Verklärung

MARKUS 9,2–13

Und nach sechs Tagen nahm Jesus den Petrus und den Jakobus und den Johannes und führte sie auf einen hohen Berg, abseits, allein. Da wurde er vor ihnen verwandelt,
und seine Gewänder wurden ganz leuchtend weiß, wie sie kein Walker auf Erden so weiß machen kann.
Und es erschien ihnen Elija mit Mose im Gespräch mit Jesus.
Da nahm Petrus das Wort und sprach zu Jesus: „Meister, es ist gut, daß wir hier sind. Wir wollen drei Hütten bauen, dir eine, Mose eine und Elija eine."
Er wußte nämlich nicht, was er sagte, denn sie waren von Schrecken ergriffen.
Dann kam eine Wolke und überschattete sie, und eine Stimme erscholl aus der Wolke: „Dieser ist mein geliebter Sohn, ihn sollt ihr hören", und als sie sich umblickten, sahen sie auf einmal niemand mehr bei sich, außer Jesus allein.
Und während sie vom Berge herabstiegen, gebot

ned meakn, wos s haassd a Bangl reissn, bis das da Heagod do herunt auf da Wöd zuadraad und oes auf sei Groongweidn umdetowiad."

Wia da Jesus zan Leichdn und Glaunzn aufaungd

Ochd Dog schbeda hod si da Jesus mi n Petrus und mi n Johannes auf a Bakl zaumghaud und hod si mid eana fazoong, auf an mugl Beag aufe, in d Aaschichd.
Und duat oom is a auf amoe gaunz komisch wuan, gaunz duachsichdich wia r a Gschbenzd,
und sei Bania is iwa und iwa liachd wuan und glaunzad, so weis, das si a jede Saafmsiadareglaam in Bodschnkino a Scheazl ooschneidn kentad.
Und denan Schbäze is s grod a so fuakuman, wia waun a mi n Elias und mi n Moses Schmää fian däd.
Jezd hod si da Petrus an Auraund gnuman und hod xogd: „Heasd, is a Maasl, das mia drei doda san, Hea Scheef. Dera Oat ken ma da drei Hitn heaschdön, ane fia di, ane fia n Moses und ane fia n Elias."
Ea hod nemlich ned gwussd, wos a redt, wäu s ole drei gaunz schwindlich woan, so is eana da Reis gaungan.
Nocha hod si a bozzn Woekn aum Hime oom braad gmochd und hod d Sun gaunz zuadekd, und mitn aus dera Woekn hosd ghead: „Des is mei Bua, auf den schdä i, auf den soez huachn!"
Wia des fuariwa woa, haum s ole drei rechd bled aus da Wesch gschaud und haum umadumgluad und haum auf amoe gneissd, das s ä alaa san und das nua da Jesus bei eana is.
Wia s daun wida oweghaadschd san fo den Beag, hod

er ihnen, niemandem zu erzählen, was sie gesehen hatten, bis der Menschensohn von den Toten auferstanden sei.
Dieses Wort hielten sie fest und besprachen miteinander, was das bedeute: von den Toten auferstehen.
Und sie fragten ihn: „Warum sagen die Schriftgelehrten, Elija müsse zuerst kommen?"
Er aber sprach zu ihnen: „Gewiß, Elija kommt zuerst und stellt alles wieder her. Aber wie steht über den Menschensohn geschrieben, daß er viel leiden und verachtet werden müsse.
Ich sage euch aber: Auch Elija ist schon gekommen, und sie haben mit ihm getan, was sie wollten, so wie über ihn geschrieben steht."

Heilung eines fallsüchtigen Knaben

MARKUS 9,14–29

Und als sie zu den Jüngern kamen, sahen sie viel Volk um sie herum und Schriftgelehrte, die mit ihnen stritten.
Und sobald sie ihn erblickten, ergriff das ganze Volk große Erregung und sie liefen herbei und begrüßten ihn.
Er fragte sie: „Worüber streitet ihr miteinander?"
Da antwortete ihm einer aus dem Volk: „Meister, ich habe meinen Sohn zu dir gebracht, der von einem stummen Geist besessen ist.
Und wenn der ihn packt, reißt er ihn hin und her, so daß er schäumt und mit den Zähnen knirscht

eana da Jesus gschoffd, si soen s zaumhoedn iwa de gaunze Gschichd, wos s do xäng haum – wenixdns so laung, bis das a oesa Lewenticha aus da Gruam retua kumd. De Mödung is eana ned aus n Schä'l gaungan, und weng den haum s balawad, wos a mid den maand: oesa Lewenticha aus da Gruam retua kuman.
Oeso haum s eam gfrogd: „Du, owa d Biwegneissa song ole, das fuahea nu da Elias eireidn muas."
Drauf da Jesus: „Rechd hobz, zeaschd amoe kumd ä da Elias, damid a oes grodbiagd. Owa i muas exdra nu drischakd wean auf dausnd und da Wää sei, wia s in Biachl schdäd.
Aussadem sog i eich: Da Elias is aa scho doda gwesn, und si san mid eam umgaungan, wia waun a da lezzde Dreg waa, wäu des schdäd scho so in da Biwe."

Wia r a Bua, dea wos s Follade hod, wida xund wiad

Wia s nocha wida zrukkuman san zu eanare Hawara, haum s xäng, das a muaz Remasuri is und das s grod an Aufschdos haum mid d Biwegneissa.
Wia d Leid jezd in Jesus daschbeanzld haum, haum s an bozzn Bahöö gmochd und san daheagschuald und haum eanan Seawas owagrissn fua eam.
Drauf hod a s gfrogd: „Wos hobz n fia r an Kööch midanaunda?"
Jezd hod ana fo dera Batii xogd: „Waasd, Hea Scheef, i hob mein Buam midbrochd, dea hod nemlich an Beka, und weng den kau a aa nix redn.
Und waun eam da Rappe bokd, daun bei'ld s eam wia r an Zauwara, und da Faam rind eam aus da Goschn, und

und ganz starr wird. Ich sagte deinen Jüngern, sie möchten ihn austreiben, aber sie vermochten es nicht."

Da erwiderte er ihnen: „O ungläubiges Geschlecht! Wie lange soll ich noch bei euch sein? Wie lange noch euch ertragen? Bringt ihn her zu mir."

Und sie brachten ihn zu ihm. Sobald aber der Geist ihn erblickte, riß und zerrte er ihn hin und her, so daß er zu Boden stürzte und sich schäumend herumwälzte.

Und er fragte seinen Vater: „Wie lange schon widerfährt ihm das?" Der antwortete: „Von Kindheit an.

Oft hat er ihn sogar schon ins Feuer und ins Wasser geworfen, um ihn umzubringen. Aber wenn du etwas vermagst, so hab Erbarmen mit uns und hilf uns."

Jesus aber sprach zu ihm: „Wenn du etwas vermagst? Alles ist dem möglich, der glaubt."

Sofort rief der Vater des Knaben laut: „Ich glaube; hilf meinem Unglauben!"

Als Jesus sah, daß das Volk zusammenlief, herrschte er den unreinen Geist an mit den Worten: „Du stummer und tauber Geist, ich befehle dir, fahre aus von ihm und kehre nie mehr in ihn zurück."

Da schrie er auf, zerrte ihn heftig hin und her

ea grammed mid d Zend und wiad gaunz schdeif, wia waun a an Besn gschlukd häd. Jezd bi i deine Hawara augaungan, si soen so liab sei und den Deife ausjaukn, owa si haum s ned zaumbrochd.“
Drauf hod eana da Jesus s Scheazl owagrissn: „Es Nu'ldruka iwaranaund! Wia ofd soe i eich n nu in Wuaschdl mochn? Wia laung soe i ma n des nu auschaun? No, bringz eam hoed hea zu mia!“
Und de haum eam den Bapadual brochd. Wia eam dea Deife jezd owa xäng hod, hod a den Buam so bei'ld und gschdessn, das a glei a Brezn grissn hod und si auf da Ead umadumkugld hod mid lauta Faam fua n Mäu.
Drauf hod da Jesus in Fodan fo den Buam gfrogd: „Seit waun hod s eam dn scho in dera Dua?“ Und dea hod xogd: „Olawäu scho.
Und dea Beka haud eam ole Hundsminutn amoe ins Feia, amoe ins Wossa, wäu a n gean haamdraan mecht. Owa waun sd a Jass bisd, daun daboam di und hüf uns.“
Jezd hod da Jesus aufdraad: „Wos haassd do: ,Waun sd a Jass bisd'? Wos brauch i des? Waun si ana aum Heagod falossd, bokd a oes.“
Auf des aufe hod da Foda fo den audridschgadn Gschroppm an Blera gmochd: „I falos mi ä gaunz auf eam: muasd ma nua a bisl einehöfm.“
Wia da Jesus jezd xäng hod, das d Leid umadumwualn wia d Wepsn auf ana gfäudn Bian, hod a den Beka aupfnausd: „Heasd, du mäuschdaada, dearischa Deife, i sog da, moch Mäta und schau, das d eam jo nimma auriasd!“
Auf des aufe hod dea Deife an muaz Grawäu gmochd, das s den Buam bei'ld hod wia r an nossn Hund, und is oozischd. Und da Bua söwa is dogleeng wia r a zbrakde

und fuhr aus. Und (der Knabe) war wie tot, so daß die meisten sagten: „Er ist gestorben."
Jesus aber ergriff ihn bei der Hand und richtete ihn auf; und er stand auf.
Als er hierauf nach Hause gegangen war, fragten ihn seine Jünger, während sie mit ihm allein waren: „Warum konnten wir ihn nicht austreiben?"
Da sprach er zu ihnen: „Diese Art kann nur durch Gebet ausgetrieben werden."

Zweite Leidensankündigung

MARKUS 9,30–32

Und sie gingen von dort weiter und zogen durch Galiläa hindurch. Er wollte aber nicht, daß es jemand erfahre.
Denn er lehrte seine Jünger und sprach zu ihnen: „Der Menschensohn wird in die Hände der Menschen überliefert, und sie werden ihn töten. Und wenn er getötet worden ist, wird er nach drei Tagen auferstehen."
Sie aber verstanden das Wort nicht und scheuten sich, ihn zu fragen.

Anweisungen an die Jünger

MARKUS 9,33–41

Und sie kamen nach Kapharnaum. Als er im Hause angelangt war, fragte er sie: „Worüber habt ihr unterwegs gesprochen?"
Sie aber schwiegen; sie hatten nämlich unterwegs miteinander gestritten, wer der Größte sei.

Grood, das d gmaand häsd, ea hod d Bodschn gschdrekd, und d Leid haum gmuamed: „Dea is hii."
Owa da Jesus hod eam bei n Brazl gnuman und hod auzaad, und drauf is a aufgräud.
Wia in Jesus seine Schbäze nocha wida alaanech woan mid eam – dea Gschropp is scho oogschoom zaus –, haum s eam gfrogd: „Du, weng wos haum mia den Beka ned ausjaukn kenan?"
Drauf hod a xogd: „Dera Suatn kausd nua mi n Bätn zuweschdeing."

Da Jesus schüdad s zweite Moe, wos eam bliad

Nocha haum sa si wida iwa d Heisa ghaud und san in Galiläa umadumschdrawanzd. Und da Jesus waa si s drauf gschdauntn, das eam kana siachd.
Wäu ea hod mid seine Schbäze redn woen. Dera Oat hod a xogd: „Das s as wissz: Mi weans s darennan und haamdraan. Und waun i easchd amoe a Bangl grissn hob, wea i drei Dog schbeda wida aufschdee."
Owa de haum ned iwarissn, wos des haassn soe, und frong haum sa si scheniad.

A boa Ezes fia seine Hawara

Nocha san s wida in Kapharnaum eigridn. Und wia s zaus woan, hod a s gfrogd: „Wos hobz n wärat n Gee balawad?"
Drauf woan s gaunz schmääschdaad, wäu s nemlich gschdridn haum, wea fo eana da grässde Jass is.

Da setzte er sich nieder, rief die Zwölf zu sich und sprach zu ihnen: „Wenn einer ein Erster sein will, muß er der Letzte von allen und der Diener aller sein."
Und er nahm ein Kind, stellte es mitten unter sie, umarmte es und sprach zu ihnen:
„Wer eines von solchen Kindern in meinem Namen aufnimmt, der nimmt mich auf; und wer mich aufnimmt, der nimmt nicht mich auf, sondern den, der mich gesandt hat."
Da sagte Johannes zu ihm: „Meister, wir sahen einen, der uns nicht nachfolgt, in deinem Namen Dämonen austreiben, und wir wollten ihn hindern, weil er uns nicht nachfolgt."
Jesus aber sprach: „Hindert ihn nicht, denn niemand wird in meinem Namen ein Wunder wirken und bald darauf Böses über mich reden können.
Denn wer nicht gegen uns ist, der ist für uns.
Wer euch einen Becher Wasser zu trinken reicht, weil ihr dem Messias angehört – wahrlich, ich sage euch – er wird seinen Lohn nicht verlieren.

Das Ärgernis

MARKUS 9,42–50

Wer aber einem dieser Kleinen, die da glauben, Ärgernis gibt, dem wäre es besser, wenn ihm ein Mühlstein um den Hals gehängt und er ins Meer geworfen würde.
Und wenn dir deine Hand Ärgernis gibt, dann hau sie ab.
Besser ist es für dich, verstümmelt ins Leben

Jezd hod si da Jesus mid eana hiixezzd und hod xogd: „Waun ana wo da Easchde sei wü, muas a si gaunz hint auschdön und oen aundan in Schani mochn.“
Und ea hod si an Gschroppm, wos do umadumgwusld is, zaumgfaungd, hod eam oobussld und hod xogd: „Wea si mia zliab um so an Gschroppm kimmad, dea kimmad si um mi. Und wea si um mi kimmad, dea kimmad si eigandlich ned um mi, sondan um den, dea wos mi gschikd hod.“
Nocha hod eam da Johannes dazööd: „Maasda, mia haum an, dea wos ned zu unsara Batii ghead, dabei darennd, wia r a auf dei Renomää aufe browiad hod Deifän ausjaukn; jezd haum ma eam glei d Gas oodraan woen, wäu a kana fo d Unsrign is.“
Drauf hod da Jesus xogd: „Lossz eam, lossz eam. Schauz, es wiad doo kana heit mid mein Renomää einedraan und mi muang an bugladn Hund haassn.
Wäu wea ned geng uns is, dea is fia uns, hop oda drop. Und wea eich dafua, das s mid mia zaumghaazd saz, a Glasl Wossa eischengd, waun s an Duaschd hobz – dea wiad fraunk ned duach d Finga schaun.

Wikln

Waun ana owa a so a guade Haud, wos a Zuadraun zan Heagod hod, fia n Noan hoedt, daun waa s bessa fia eam, ea griagad an Pflosdaschdaa ums Gnak ghengd und wuatad ins Wossa gschmissn wia r a Kazzl.
Und waun di dei eigane Brozn fia n Noan hoedt, daun hok s oo.
Is olawäu nu bessa oesa Bediinda in Hime kuman wia

einzugehen, als mit beiden Händen in die Hölle zu fahren, in das unauslöschliche Feuer.
Und wenn dir dein Fuß Ärgernis gibt, dann hau ihn ab, es ist besser, hinkend ins Leben einzugehen, als mit beiden Füßen in die Hölle geworfen zu werden.
Und wenn dir dein Auge Ärgernis gibt, dann reiß es aus. Es ist besser, einäugig in das Reich Gottes einzugehen, als mit beiden Augen in die Hölle geworfen zu werden,
wo ihr Wurm nicht stirbt und das Feuer nicht erlischt,
denn jeder wird mit Feuer gesalzen werden.
Gut ist das Salz. Wenn aber das Salz schal wird, womit wollt ihr es würzen? Habt Salz in euch und haltet Frieden untereinander."

Über die Ehescheidung

MARKUS 10,1–12

Und er brach von dort auf und zog in das Gebiet von Judäa und jenseits des Jordan. Und wieder strömten die Scharen bei ihm zusammen; und wieder lehrte er sie, wie er es gewohnt war.
Da traten Pharisäer heran und fragten ihn, um ihn auf die Probe zu stellen, ob es dem Manne erlaubt sei, seine Frau zu entlassen.
Er aber antwortete ihnen: „Was hat euch Mose vorgeschrieben?"

mid ole zwa Brozn in d Höö owe, wo sd brodn wiasd, bis nua mea Gramän iwa san.
Und waun dei Haxn Mandln mochd, daun hok eam oo; is olawäu nu gscheida, oesa Haadschada in Hime kuman, wia das d mid ole zwa Hiaf in d Höö owe dredn wiasd.
Und waun sd a Gschea mid dein Eigl hosd, daun reis da s aus; olawäu nu bessa, oesa Scheanglada sölich sei oom ba n Heagod oes wia mid ole zwa Gluan owegschdessn wean in d Höö,
wo di d Wiama in ana Dua ookiifen, waun sd aa nu a so a Baanahenxd bisd, und wo sd xööchd wiasd aum brenhaassn Feia, bis d schwoaz wiasd,
wäu duat unt kumd a jeda in a richdige Sua aus lauta Feia.
Eigandlich is so a Sua jo a Gschichd, und s lediche Soez easchd rechd. Owa wos daz, waun amoe s Soez söwa lind und fad wiad und schmekd wia eigschlofane Fiass? Mid wos woez n s Soez daun soezn? Oesdan, schauz, das s xoezane Buaschn saz und fadrogz eich midanaunda!"

Ob ma seina Oedn in Weisl geem deaf

Und daun is a wida fuat aus dera Geengd und is noch Judäa und in d Grind auf da aundan Seitn fon Jordan. Und duat woa da gweenliche Bahöö: D Leid san eam zuwegräud, und ea hod eana d Wa'ln fiarigrichdt.
Owa amoe san a boa Farisea audaunzd und haum eam schmäähoewa, damid s eam auf d Saaf schdeing lossn, gfrogd, ob ma seina Oedn in Weisl geem deaf.
Drauf hod a eana kontra geem: „Wos hod n da Moses dazua xogd?"

Sie sagten: „Mose hat erlaubt, einen Scheidebrief auszustellen und (sie damit) zu entlassen."
Jesus aber sprach zu ihnen: „Wegen eurer Herzenshärte hat Mose euch diese Verordnung geschrieben.
Von Anbeginn der Schöpfung aber schuf (Gott) sie als Mann und Frau.
Deshalb wird der Mann seinen Vater und seine Mutter verlassen, und die beiden werden ein Fleisch sein.
Also sind sie nicht mehr zwei, sondern ein Fleisch.
Was nun Gott verbunden hat, das soll der Mensch nicht trennen."
Zu Hause nun fragten ihn die Jünger nochmals darüber.
Da sagte er ihnen: „Wer seine Frau entläßt und eine andere heiratet, der bricht ihr gegenüber die Ehe.
Und wenn sie ihren Mann entläßt und einen anderen heiratet, so bricht sie die Ehe."

Jesus und die Kinder

MARKUS 10, 13–15

Und man brachte Kinder zu ihm, damit er sie berühre. Die Jünger aber schalten sie.

Und de haum zrukkäwed: „Da Moses hod nix dageeng ghobd; dea hod xogd, ma brauchd dazua nua an Wiisch zaumföwan, und mid den deaf ma ia in Schdekn geem."
Jezd hod da Jesus xogd: „Jo, owa des hod a eich nua weng den duachgee lossn, wäu s sowiso soechane Hundsfuada saz und a Gmiad hobz wia r a bessas Grokodüü.
Gaunz aum Aufaung woa des nemlich aundaschd, do hod da Heagod d Mandln und d Weiwän ba'lweis gmochd.
Weng den lossd a Hawara aa sein Bapsch und sei Mamsch auglaand und gäd in d Blia, damid a si mid seina Kozz auf a Bakl zaumhaud,
so dik, das d maanan kentazd, de zwa san nua mea a anzicha und nimma zwa.
Oesdan, wos da Heagod zaumdau hod, des soen d Leid ned mid Gwoed ausanaundareissn."
Nocha, dahaam, haum eam seine Gschamstara nu amoe ausgfraadschld iwa de gaunze Gschichd.
Drauf hod a xogd: „Waun ana seina Oedn in Gschdis gibd und a aundare heirat, daun is des grod a so, wia waun a s owehaun däd.
Und waun si ian Oedn in Weisl gibd und an aundan heirat, daun is des grod a so, wia waun s eam owehaun däd."

Da Jesus und d Gschroppm

Schbeda haum eam d Leid a boa Baumpalädschn daheazaad, damid a s mid seine Hend auriad. Owa do haum seine Hawara an Baam aufgschdöd.

Doch als Jesus das sah, wurde er unwillig und sprach zu ihnen: „Laßt die Kinder zu mir kommen, wehret ihnen nicht, denn für solche ist das Reich Gottes.
Wahrlich, ich sage euch: Wer das Reich Gottes nicht annimmt wie ein Kind, wird nicht hineingelangen.“
Und er umarmte und segnete sie, indem er ihnen die Hände auflegte.

Der reiche Jüngling

MARKUS 10, 17–22

Und als er sich auf den Weg machte, lief jemand auf ihn zu, fiel vor ihm auf die Knie und fragte ihn: „Guter Meister, was muß ich tun, um ewiges Leben zu erlangen?“
Jesus sprach zu ihm: „Was nennst du mich gut? Nur einer ist gut: Gott allein.
Die Gebote kennst du: Du sollst nicht töten, du sollst nicht ehebrechen, du sollst nicht stehlen, du sollst kein falsches Zeugnis geben, du sollst nicht vorenthalten, ehre deinen Vater und deine Mutter.“
Er antwortete ihm: „Meister, das alles habe ich von meiner Jugend an befolgt.“
Da schaute Jesus ihn an, gewann ihn lieb und

Wia da Jesus des oognosad hod, is a haas gaungan und hod xogd: „Lossz de Bauxaln doo zuwa! Schdampaz as jo ned weg, wäu de san genau a so, wia s da Heagod gean hod.
Fraunk: Waun sd des, wos da Heagod gean wü, ned in dera Oat duasd wia ana fo soechane Baumpalädschn, wiasd di ned aussesäng mid eam."
Und daun hod a de Gschroppm oobussld und hod eana sein Seeng geem, indem das a eana mid d Hend iwa d Kepfaln gfoan is.

Da Hawara mid da bozzn Mos

Nocha, wia r a si grod oosäun woen hod, is ana audaunzd und hod si fua eam hiighaud und is eam augaungan: „Liawa guada Hea Scheef, wos soe i duan, damid i in Hime kum und äwich leem dua?"
Drauf da Jesus: „Wos wüsd ma n s Godal grozzn mid ‚liawa guada'? Waasd a s n, ow i a Guada bi? Guad is nua ana alaanich: da Heagod.
Owa waun sd mi scho frogsd: Wos si ghead, wiasd ä wissn: Draa kan haam, hau dei Oede ned owe, flada nix, zreis da ned d Goschn iwa d aundan, bedakl d Leid ned und schau, das d auf dein Bapsch und dei Mamsch hoezd."
Jezd hod dea Hawara xogd: „No jo, Hea Scheef, owa noch den how i mi scho oewäu gricht, scho seit das i a glana Bua woa."
Auf des aufe hod eam da Jesus augschaud fo oom bis unt und hod glei an Noan gfressn ghobd aun eam; daun hod

sprach zu ihm: „Eines fehlt dir. Geh, verkaufe alles, was du hast, und gib es den Armen, und du wirst einen Schatz im Himmel haben – und komm und folge mir nach."
Bei diesem Wort überschatteten sich dessen Züge und er ging traurig davon, denn er hatte viele Güter.

Von der Gefahr des Reichtums

MARKUS 10, 23–31

Und Jesus blickte um sich und sprach zu seinen Jüngern: „Wie schwer werden die Reichen in das Reich Gottes hineingelangen!"
Die Jünger aber erschraken über seine Worte. Da wandte sich Jesus wiederum an sie und sprach: „Kinder, wie schwer ist es, in das Reich Gottes einzugehen!
Leichter kommt ein Kamel durch ein Nadelöhr hindurch als ein Reicher in das Reich Gottes hinein."
Da erschraken sie noch viel mehr und sagten zueinander: „Wer kann dann gerettet werden?"
Jesus blickte sie an und sprach: „Unmöglich ist es bei Menschen, doch nicht bei Gott, denn bei Gott ist alles möglich."
Da nahm Petrus das Wort und sagte zu ihm: „Sieh, wir haben alles verlassen und sind dir nachgefolgt."

a xogd: „Owa ans gäd da nu oo: Hau di iwa d Heisa, faglopf oes, wos d hosd, und scheng d Marii denan, de wos goa nix haum; dera Oat wiasd oom in Hime hochweis doschdee. Und nocha kum mid mid mia."
Jezd hod dea Hawara in Fooz henga lossn und is oogschoom mi n eizoganan Schwaaf, wäu ea hod nemlich a bozzn Mos ghobd.

Da Graumbf mid da Marii

Und da Jesus hod s ole umadum augschaud und hod xogd zu seine Hawara: „Jo, des is a Graumbf: Waun ana a Mos hod, wiad a si unhaamlich hoat duan, das a in Hime kumd!"
Wia seine Schbäze des ghead haum, is eana uandlich schiach wuan. Owa da Jesus hod nu a Scheifal nochglegd: „Buaschn, in Hime kuman is fraunk ned leichd.
Do schliafd nu leichda a Kamöö duach s Likal in ana No'l oes wia a Gschdopfda in Hime eine."
Jezd is eana nu mea da Reis gaungan, und ana hod in aundan gfrogd: „Wea kau n daun iwahaupd nu da Höö auskuman?"
Drauf hod s da Jesus augschaud und hod gmaand: „Hobz scho rechd, d Leid do herunt kenan do goa nix mochn; owa da Heagod scho, wäu ba n Heagod is oes drin."
Nocha hod si da Petrus an Schdessa geem und hod zu eam xogd: „Schau, mia doda, mia haum in Huad auf oes ghaud und san mid dia zoong!"

Jesus sprach: „Wahrlich, ich sage euch: Niemand hat Haus oder Brüder oder Schwestern oder Mutter oder Vater oder Kinder oder Äcker um meinetwillen und um der Heilsbotschaft willen verlassen,
der nicht hundertfältig empfängt, jetzt in dieser Zeit Häuser und Brüder und Schwestern und Mütter und Kinder und Äcker – (wenn auch) unter Verfolgungen – und in der künftigen Welt ewiges Leben.
Viele Erste aber werden Letzte sein und die Letzten Erste."

Dritte Leidensankündigung

MARKUS 10, 32–34

Als sie aber den Weg nach Jerusalem hinaufstiegen, ging Jesus ihnen voran, und sie staunten; die Nachfolgenden aber fürchteten sich. Da nahm er die Zwölf wieder zu sich und begann ihnen zu sagen, was ihm bevorstünde:
„Seht, wir steigen hinauf nach Jerusalem, und der Menschensohn wird den Hohenpriestern und Schriftgelehrten überliefert werden, und sie werden ihn zum Tode verurteilen und ihn den Heiden überliefern,
und (sie) werden ihn verspotten und anspeien und geißeln und töten, und nach drei Tagen wird er auferstehen."

Drauf da Jesus: „Fraunk, waun ana weng mia und meina Bosd in Huad haud auf sei Heisal und auf seine Gschwisda und auf seine Oedn und auf seine Baumpalädschn und auf sei gaunzz Graffeweach, daun is des ned fia di Jettidant,
wäu a so ana griagd hundadmoe sofü zruk: do herunt Heisa und Gschwisda und Oede und Baumpalädschn und des gaunze Graffeweach – Wikln wiad a natialich aa haum – und driim in da aundan Wöd a äwix Leem.
Und fü Jassn wean schiach eischaun, und dafua wean de, wos sunzd olawäu eischaun, daun d Owajassn sei."

Da Jesus schüdad s drite Moe, wos eam bliad

Und wia s schbeda noch Jerusalem aufeghaadschd san, is da Jesus gaunz schmafu fuarausmaschiad, und si haum si ole gwundad, das a si des draud; und denan, de wos hinta eam noche san, is gaunz sche s Glapal gaungan. Jezd hod a si wida amoe seine zwöf Schbäze zaumgruafm und hod augfaungd zan Schüdan, wos eam bliad:
„Sächz, jezd gräu ma aufe noch Jerusalem; und duat wea i denan gaunzn Owapfoffm und Biwegneissan in eana Gossn kuman, und de wean auschoffm, das i haamdraad wea und das de auslendische Bagaasch mid mia auffian kau, wos ia bassd;
und de wean mi aum Hönara haum und auschlaazn und mid d Beidschn schnoezn, und zan Schlus wean s mi haamdraan; und drei Dog schbeda wea r i oesa Lewenticha wida aufschdee aus da Gruam."

Vom Herrschen und Dienen

MARKUS 10, 35–45

Und es traten Jakobus und Johannes, die Söhne des Zebedäus, an ihn heran und sagten zu ihm: „Meister, wir möchten, daß du uns eine Bitte erfüllst."

Er aber sprach zu ihnen: „Was wollt ihr, daß ich euch tun soll?"

Da sagten sie zu ihm: „Gewähre uns, daß wir einer zu deiner Rechten und einer zu deiner Linken sitzen dürfen in deiner Herrlichkeit."

Jesus aber sprach zu ihnen: „Ihr wißt nicht, um was ihr bittet. Könnt ihr den Kelch trinken, den ich trinke, oder euch taufen lassen mit der Taufe, mit der ich getauft werde?"

Sie antworteten ihm: „Wir können es." Jesus aber sprach zu ihnen: „Den Kelch, den ich trinke, werdet ihr trinken, und mit der Taufe, womit ich getauft werde, werdet ihr getauft werden.

Aber das Sitzen zu meiner Rechten oder zu meiner Linken habe nicht ich zu vergeben, sondern (denen wird es zuteil), denen es bereitet ist."

Als die Zehn das hörten, entrüsteten sie sich über Jakobus und Johannes.

Da rief Jesus sie zu sich und sprach zu ihnen: „Ihr wißt, daß die, die als Herrscher der Völker gelten, sie unterjochen und daß ihre Großen sich Gewalt über sie aneignen.

Bei euch aber soll es nicht so sein, sondern wer unter euch der Größte sein will, soll euer Diener sein,

In Jassn und in Schani schbün

Nocha san eam da Jakobus und da Johannes, in Zebedäus seine zwa Buam, um an Boad gaungan: „Maasda, gä bitschee sei so guad und dua uns an Gfoen."
Drauf ea: „Wos woez n leichd?"
Jezd haum s aussagschoom: „Dua uns des zliab, das mia zwa neem dia sizzn deafm oom in Hime, ana linx und ana rechz."
Auf des aufe hod eana da Jesus ane iwa n Dekl geem: „Ia hobz jo kan Dau, um wos s mi do augäz. Bassz auf: Kenz ia aus n söm Glasl biaschdln wia r i? Und kenz eich mid da gleichn Dauf daufm lossn, mid dea r i aa daufd bi?" Drauf haum s gmaand: „No fräulich ken ma des!" Jezd hod da Jesus xogd: „Oesdan: des Glasl, wos i ma ins Xichd schdess, des weaz aa zan Gustian griang, und d Dauf, mid dea i daufd wea, mid dea weaz aa daufd wean, owa des Blazzl linx und rechz neem mia, des däu ned i aus, do gibz ka Freindalwiadschofd, wäu des griang de, fia de s resawiad is."
Wia d aundan zeen Schbäze de gaunze Gschichd iwaringld haum, woan s uandlich sot aum Jakobus und aum Johannes.
Oesdan, hod s da Jesus ole midaranaunda zaumgruafm und hod xogd: „Wissz ä, das de, wo s haassd, das s iangd wo da Kapo san, gean d Leid drischakn, und das de gaunzn Groskobfadn nua auf des schaun, das s umadumschoffm kenan.
Owa bei eich soe s ned a so sei; naa: dea wos bei eich da Scheef sei wü, dea soe si zfraunzn, das s eich oen guad gäd,

und wer unter euch der Erste sein will, soll der Diener aller sein.
Denn auch der Menschensohn ist nicht gekommen, sich bedienen zu lassen, sondern zu dienen und sein Leben hinzugeben als Lösegeld für viele."

Blindenheilung in Jericho

MARKUS 10, 46–52

Und sie kamen nach Jericho, und als er mit seinen Jüngern und vielem Volk aus Jericho herauszog, saß der Sohn des Timäus, Bartimäus, ein blinder Bettler, am Wege.
Als er hörte, es sei Jesus, der Nazarener, begann er laut zu schreien: „Sohn Davids, Jesus, erbarme dich meiner."
Viele fuhren ihn an, er solle still sein, er aber schrie noch lauter: „Sohn Davids, erbarme dich meiner."
Da blieb Jesus stehen und sprach: „Ruft ihn her." Nun riefen sie den Blinden und sagten ihm: „Mut! Steh auf. Er ruft dich."
Der aber warf seinen Mantel ab, sprang auf und kam zu Jesus.
Und Jesus wandte sich ihm zu und sprach: „Was willst du, daß ich dir tun soll?" Der Blinde antwortete ihm: „Rabbuni, daß ich wieder sehen kann."
Da sprach Jesus zu ihm: „Geh, dein Glaube hat dir Heilung gebracht." Und sogleich sah er wieder und folgte ihm auf dem Wege.

und wea bei eich da Mochatschek sei wü, dea soe si fia d aundan an Haxn ausreissn.
Wäu i bi jo aa ned dazua doda, das i ma s guad gee los, sondan damid i mi fia d aundan ooschdru'l und damid i mei Leem heagib dafua, das s d aundan Leid ned ole darennd."

A Blinda in Jericho kumd wida in Uadnung

Nocha san s ole midanaunda noch Jericho kuman; und wia r a mid seine Hawara und sunzd aa nu an Haufm Leid grod wida ausse is, is da Bartimäus (in Timäus sei Bua), dea wos a blinda Fechda woa, aum Raundschdaa knozd.
Wia dea ghead hod, das da Jesus aus Nazaret doda is, hod a an Schraa gmochd: „Jesus, hä, Jesus, Enkal fon David! Sei a Buasch und daboam di mid mia!"
Drauf haum s eam ole augfäud, ea soe s zaumhoedn, owa justamend hod a nu mea blead: „Jesus, sei a Buasch und daboam di!"
Jezd is da Jesus schdeeblim und hod augschoffd: „Hea mid eam!" Oeso haum s den Blindn aughaud und haum xogd: „Heasd, nim di zaum und gräu auf, ea ruafd di."
Auf des aufe hod dea sein Joschi oobei'ld, is aufghupfd und is hiidaamed zan Jesus.
Und da Jesus hod eam augredt und hod eam gfrogd: „Oesdan, wos wüsd n fo mia?" Drauf da Blinde: „No jo, Hea Scheef, säng dädad i hoed gean wida wos, waun s leichd gäd."
Jezd hod da Jesus xogd: „Is scho rechd, dei Zuadraun hod di in Uadnung brochd." Und glei hod dea wida wos xäng und is hinta eam noche.

VII Das Wirken in Jerusalem

Einzug Jesu in Jerusalem

MARKUS 11,1–11

Und als sie in die Nähe von Jerusalem kamen, nach Betphage und Betanien am Ölberg, entsandte er zwei seiner Jünger
und sprach zu ihnen: „Geht in das Dorf, das vor euch liegt, und gleich, wenn ihr hineinkommt, werdet ihr ein Eselsfüllen angebunden finden, auf dem noch kein Mensch gesessen hat; das bindet los und bringt es her.
Und wenn jemand zu euch sagt: ‚Was macht ihr

Wia r a noch Jerusalem kuman is

Da Jesus reit in Jerusalem ei

Wia s nocha in d Nää fo Jerusalem kuman san, genaua xogd noch Betphage und Betanien bei n Ööbeag draussd, hod a zwa fo seine Hawara gschikd und hod eana gschoffd: „Gäz eine in des Kaff doda fua uns; und glei waun s einekumz, weaz a gaunz a jungs Esal findn, des wos duat aubundn is; auf den is nu nia wea draufxessn. Oesdan: des schnapz eich und bringz ma s hea.
Und waun eich wea auzipfd weng den, wos s do mochz,

da?', dann sagt: ,Der Herr braucht es und schickt es gleich wieder hierher.'"
Und sie gingen also und fanden das Füllen an einer Tür angebunden draußen an der Straße und banden es los.
Und einige der dort Herumstehenden sagten zu ihnen: „Was macht ihr da – ihr bindet das Füllen los?"
Da antworteten sie ihnen, wie Jesus ihnen gesagt hatte, und man ließ sie gewähren.
Und sie brachten das Füllen zu Jesus, legten ihre Mäntel darüber, und er setzte sich darauf.
Und viele breiteten ihre Kleider auf den Weg, andere grüne Zweige, die sie auf den Feldern abschnitten.
Und die, die vorangingen, und die, die nachfolgten, riefen: „Hosanna!
Gepriesen, der da kommt im Namen des Herrn.
Gepriesen das Reich unseres Vaters David, das da kommt. Hosanna in der Höhe!"
Und er zog in Jerusalem ein in den Tempel. Er schaute alles ringsum an und ging, da es schon spät war, mit den Zwölfen nach Betanien hinaus.

Der unfruchtbare Feigenbaum

MARKUS 11, 12–14

Und er zog in Jerusalem ein in den Tempel. Er schaute alles ringsum an und ging, da es schon spät war, mit den Zwölfen nach Betanien hinaus.

daun sogz nua: ‚Da Hea Scheef brauchd des Fiichal; ea schikd s nocha ä wida zruk.'"
Drauf san de zwa oogschoom, und richdig haum s des Esal bei an Hausdoa aughengd xäng; jezd haum sa si s eignaad.
Und ana, wos grod duat umadumglaand is, hod s aughaud: „Wos daz n do? Wos zaaz n des Esal dafoo?"
Auf des aufe haum s des xogd, wos eana da Jesus gschoffd hod, und dera Oat san s in Graud lossn wuan.
Und si haum des Esal hiigfiad zan Jesus und haum eanare Sakln driwaglegd, damid s sche waach is, und ea hod si draufxezzd.
Und d Leid haum eana Gwaund auf d Schdrossn bradt und haum Boemkazzln hiigschdraad, wos s rundumadum oogrissn haum.
Und furaus und hintnoch haum s gschrian: „Leiwaund! Hoch soe a leem, dea wos uns gschikd wuan is fon Heagod oom! Hoch soe in David sei Kenigreich leem, wäu jezd is s wida so weid! Leiwaund, hoch!"
Und da Jesus is noch Jerusalem eine und glei in Dempe. Duat hod a si oes genau augschaud; und nocha is a mid seine zwöf Schbäze noch Betanien ausse, wäu s scho schbäd woa.

Da Griachalbaam, auf den nix gwoxn is

Wia s aum nexdn Dog oogschoom san aus Betanien, hod a gmeakd, das a eigandlich an rechdn Flamoo hod.
Jezd hod a fo da Weidn a Oat Griachalbaam xäng, dea hod scho Bla'ln drau ghobd; is a oeso hii, schaun, ob wos

ihm fände. Als er aber zu ihm hinkam, fand er nichts als Blätter, denn es war nicht die Zeit der Feigen.
Da redete er ihn an und sprach: „In Ewigkeit soll niemand mehr von dir eine Frucht essen.“ Und seine Jünger hörten es.

Die Tempelreinigung

MARKUS 11, 15–19

Und sie kamen nach Jerusalem. Und als er in den Tempel eingetreten war, fing er an, die Verkäufer und Käufer im Tempel hinauszutreiben, und stieß die Tische der Geldwechsler und die Sitze der Taubenhändler um
und duldete nicht, daß jemand ein Gerät durch den Tempel trug.
Und er lehrte und sprach zu ihnen: „Steht nicht geschrieben: ‚Mein Haus soll Haus des Gebetes genannt werden für alle Völker‘? Ihr aber habt eine Räuberhöhle daraus gemacht.“
Das hörten die Hohenpriester und Schriftgelehrten und sannen darauf, wie sie ihn vernichten könnten, denn sie fürchteten ihn, weil das ganze Volk über seine Lehre staunte.
Und als es Abend wurde, gingen sie hinaus aus der Stadt.

drauf woxd. Owa wia r a hiikuma is, hod a nix gfuntn wia d ledichn Bleedschn – woa jo aa ned d Zeid fia Griachaln. Drauf is a ä scho augnoschd gwesn und hod den Baam augfäud: „Du Gripegschbü, du unnädigs, fo dia soe kana mea a anzix Griachal brokn kenan, und waun sd woazd, bis d schwoaz wiasd!" Und seine Hawara haum zuaghuachd, wia r a do gmodschgad hod.

Wia da Jesus in Dempe drin aufraamd

Daun san s wida noch Jerusalem und in Dempe eine. Und duat is a s glei amoe augaungan, das a denan Dandlan und Schacharan d Gas oodraad; dera Oat hod a d Bu'ln fo d Gödwexla umgschdessn, und wo a a Schdandl fo an Kanarihaundla xäng hod, hod a eam glei an Drid geem, das s an Lifdla gmochd hod, und waun a wem darennd hod dabei, das a sei Glumpad duach n Dempe duachzaad, hod a ä scho duachdraad. Und daun hod a eana uandlich d Maanung xogd: „Heaz, kenz ned lesn? In da Biwe schdäd doo: ‚Des Blazzl, wo i dahaam bi, duat soe a jeda, wuaschd wea s is und wo r a hea kumd, mid sein Heagod redn kenan.' Owa ia hobz des Blazzl in a Fiischhale umbudad, in a Reiwahöön!" Wia d Owapfoffm und d Biwegneissa jezd ghead haum, das a auf de Oat goschad is zu eana, haum s nochdenkd, wia s eam s Hakkl ins Greiz haun kentn, wäu d Muffm is eana schoo gaungan fua eam, indem das d Leid ole gaunz wüd woan auf des, wos a gschüdad hod.
Und auf d Nochd is da Jesus mid seina Blodan wida ausse aufs Laund.

Der verdorrte Feigenbaum und vom Glauben und Beten

MARKUS 11, 20–26

Und als sie am Morgen (wieder) vorbeikamen, sahen sie den Feigenbaum von den Wurzeln aus verdorrt.
Da erinnerte sich Petrus und sagte zu ihm: „Meister, sieh, der Feigenbaum, den du verflucht hast, ist verdorrt."
Jesus gab ihnen zur Antwort: „Habt Glauben an Gott!
Wahrlich, ich sage euch: Wer zu dem Berge da spricht: Hebe dich weg und wirf dich ins Meer, und in seinem Herzen nicht zweifelt, sondern glaubt, daß das, was er ausspricht, geschieht, dem wird es zuteil werden.
Darum sage ich euch: Alles, um was ihr betet und bittet – glaubt, daß ihr es empfangen habt, und es wird euch zuteil werden.
Und wenn ihr zum Beten tretet, so vergebet, wenn ihr gegen jemand etwas habt,
damit auch euer himmlischer Vater euch eure Verfehlungen vergebe."

Die Vollmachtsfrage

MARKUS 11, 27–33

Hierauf kamen sie wieder nach Jerusalem. Und als er im Tempel auf und ab ging, kamen die Hohenpriester und Schriftgelehrten und Ältesten zu ihm
und sagten zu ihm: „In welcher Vollmacht tust du dies? Oder wer hat dir diese Vollmacht gegeben, dies zu tun?"

Da oodiade Griachalbaam und fon Glaum und Bätn

Und wia s in da Frua zruk san in d Schdod, san s wida fuariwa bei den Griachalbaam, und do haum s xäng, das a oodiad und oogfäud is fo oom bis unt.
Jezd is in Petrus aufgschdessn, wos si gesdan oogschbüd hod, und ea hod xogd: „Schau, Maasda, dea Griachalbaam, den sd s Farekn gwuntschn hosd, dea is eigaungan!"
Drauf da Jesus: „Jo, Buaschn, sächz: weng den hoezz eich aun an Heagod! Wäu fraunk, waun ana zu an Beag sogd: ‚Schleich di und faroe di in d nexde Lokkn', und ea glaubz, das s gschiachd, daun wiad s aa gschäng.
Weng den meakz eich ans: Waun s in Heagod um wos augäz und bitschee sogz drum, und waun s fesd glaubz drau, das s as griagz, daun griagz as aa.
Und waun s eich hiischdöz und in Heagod um wos augäz, daun fagessz zeaschd amoe oes, wos s geng iangd wem aundan hobz,
damid da Himefoda bei eichare Sochn aa ned so haaglich is."

Wea in Jesus des oes gschoffd hod

Daun san s wida noch Jerusalem eine. Und wia r a nocha in Dempe drin umadumgschdiing is, san eam d Owapfoffm und Biwegneissa und d Groskopfadn zuwegräud
und hädn eam ausfraadschln woen: „Heasd, wos büzd da n eigandlich ei, wea sd bisd, das d de gaunzn Schdikln zaumdraasd? Wea hod da n des gschoffd?"

Jesus aber sprach zu ihnen: „Eine Frage will ich euch vorlegen. Antwortet ihr mir, dann werde ich euch sagen, in welcher Vollmacht ich das tue. War die Taufe des Johannes vom Himmel oder von Menschen? Antwortet mir."
Da überlegten sie bei sich: „Sagen wir: ‚Vom Himmel', so wird er sagen: ‚Warum habt ihr ihm dann nicht geglaubt?'
Oder sollen wir sagen: ‚Von Menschen'?" Davor hatten sie Angst wegen der Menge, denn alle hielten dafür, daß Johannes wirklich ein Prophet war.
So antworteten sie Jesus: „Wir wissen es nicht."
Da sprach Jesus zu ihnen: „Auch ich sage euch nicht, in welcher Vollmacht ich dies tue."

Das Gleichnis von den bösen Winzern

MARKUS 12,1–12

Und er begann, in Gleichnissen zu ihnen zu sprechen: „Ein Mann pflanzte einen Weinberg, machte einen Zaun darum, grub eine Kelter und baute einen Turm, verpachtete ihn an Winzer und reiste in die Fremde.
Und zur gegebenen Zeit sandte er einen Knecht zu den Winzern, um von den Früchten des Weinberges von den Winzern in Empfang zu nehmen.
Die aber ergriffen ihn, schlugen ihn und schickten ihn leer fort.

Drauf da Jesus: „A Geengfroge: waun s eich mid dera aussasächz, daun sog i eich aa, auf wos aufe i des moch, wos i moch.
Bassz auf: Da Johannes hod d Leid daufd, ned? Oesdan, den sei Dauf, woa des a Gschichd aus n Hime oom oda ane fo herunt, fo d Leid? No, wia is s?"
Jezd san s in Graas gaungan, wäu sa si denkd haum: „Waum ma song, ‚aus n Hime', kau a uns a Goschn auhengan, dera Oat: ‚Oesdan, weng wos hobz eam dn daun ned fia foe gnuman?'
Oda soe ma liawa song ‚fo herunt'?" Owa des haum sa si frisch ned draud, wäu eana da Reis gaunga is fua d Leid, indem das de ole midanaunda nix kuma lossn haum aum Johannes.
Oeso haum sa si oobuzzd und haum aafoch xogd: „Wiss ma ned." Drauf da Jesus: „Sächz as, weng den bind i eich as aa ned auf d Nosn, wea ma mei Hokkn gschoffd hod."

Da Schmää mid d Weibauan

Nocha hod a s wida mi n Schmää bokd: „Bassz auf: Do hod ana an Weigoatn ghobd und hod an Zaun rundumadum gmochd und hod a Bress und Foglscheichn aufgschdöd und hod oes dipdop heagricht; und daun hod a n in Bochd geem und is fuatgfoan.
Wia s nocha Zeid woa zan Kassian, hod a an fo seine Untaleifän gschikd, das a eam bei d Weibauan hoed, wos eam zuagschdauntn is.
Owa de Hundsfuada san losgaungan auf de oame Haud und haum eam windlwaach ghaud und haum eam aussedredn one an lukadn Höla.

Und nochmals sandte er einen anderen Knecht zu ihnen. Auch den schlugen sie auf den Kopf und beschimpften ihn.
Da sandte er einen anderen, und den töteten sie. Und viele andere, die einen schlugen sie, die anderen töteten sie.
Einen hatte er noch, seinen geliebten Sohn, den sandte er als letzten zu ihnen, wobei er (sich) sagte: ‚Vor meinem Sohn werden sie Achtung haben.'
Jene Winzer aber sagten zueinander: ‚Das ist der Erbe. Kommt, wir wollen ihn töten, und das Erbe wird unser sein.'
Und sie ergriffen ihn, töteten ihn und warfen ihn zum Weinberg hinaus.
Was wird der Herr des Weinberges tun? Er wird kommen und die Winzer zugrunde richten und den Weinberg anderen geben.
Habt ihr auch nicht jenes Schriftwort gelesen: ‚Der Stein, den die Bauleute verworfen haben, der ist zum Eckstein geworden;
durch den Herrn ist das geschehen, und ein Wunder in unseren Augen'?"
Und hätten sie sich gern seiner bemächtigt, fürchteten aber das Volk; sie hatten nämlich verstanden, daß er sie mit diesem Gleichnis meinte. So ließen sie von ihm ab und gingen weg.

Drauf hod a an aundan um an Zins gschikd. Und den haum s grod a so a boa iwa d Ruam geem und haum eam s Oaschlekn gschoffd.
Jezd hod a nu an aundan gschikd, und den haum s iwahaupd daschloong. Und in dera Dua is s weidagaungan – a boa haum s in d Goschn ghaud, a boa haum s haamdraad –,
bis eam nua mea ana blim is, nemlich sei eigana Bua, auf den a unhaamlich gschdauntn is; den hod a jezd oes lezdn hiigschikd und hod si denkd: ‚Wenixdns fua mein eiganan Buam wean s doo an Reschbekd haum!'
Owa de Weibauan haum si ausgmochd: ‚Dea Bua wiad des Gaunze amoe eam. Kumz, draa ma n haam, daun ghead d Eabschofd uns!'
Dera Oat san s eam augschbrungan und haum eam daschloong und ausseghaud aus n Weigoatn wia r an hinichn Rozzn.
Wos maanz jezd, das dea mochn wiad, den da Weigoatn ghead? Söwa wiad a kuman mid an Haufm Bugln und wiad d Weibauan nidabrakn, und d Riad wiad a wem aundan geem.
Aussadem: Hobz ned glesn, wos in da Biwe schdäd: ‚Dea Ziagl, dea wos fia d Hean Maura ned guad gnua woa, dea is nocha da Grundschdaa wuan;
und zwoa is des gschäng, wäu s da Heagod so woen hod, und fia uns is des hoed iwanatialich'?"
Auf des aufe hädn s eam gean auf d ane oda auf d aundare Oat eignaad, owa do haum s fü zfü Fedan ghobd fua d Leid rundumadum; wäu gneissd haum s as genau, das dea Schmää aun eana Adress gäd. Oesdan, haum s eam hoed doo in Graud lossn und san oogschoom mid an bozzn Boad.

Jesus und die Ehebrecherin

JOHANNES 8, 1–11

Jesus aber begab sich auf den Ölberg.
In der Frühe erschien er wieder im Tempel, und alles Volk kam zu ihm. Und er setzte sich und lehrte sie.
Die Schriftgelehrten aber und die Pharisäer brachten eine Frau herbei, die beim Ehebruch ertappt worden war, stellten sie in die Mitte und sagten zu ihm: „Meister, diese Frau ist auf frischer Tat beim Ehebruch ertappt worden.
Im Gesetz aber hat uns Mose geboten, eine solche zu steinigen. Was sagst du nun?“
Das sagten sie, um ihn zu versuchen, damit sie eine Anklage gegen ihn hätten. Jesus aber bückte sich nieder und schrieb mit dem Finger auf die Erde.
Als sie jedoch hartnäckig weiterfragten, richtete er sich auf und sprach zu ihnen: „Wer von euch ohne Sünde ist, werfe als erster einen Stein auf sie.“
Dann bückte er sich wieder nieder und schrieb auf die Erde.
Als sie aber das gehört hatte, gingen sie weg, einer nach dem andern, angefangen von den

Da Jesus und des Weibsbüd, wos ian Oedn oweghaud hod

Und ea, da Jesus, is wida aum Ööbeag aufe.
In da Frua daun hod a r a Schbringal in Dempe eine gmochd; duat san eam d Leid zuwegräud, wia olawäu. Oesdan, hod a si hoed hiiknozd und hod eana a bisl wos beibrochd.
Und auf amoe haum de Biwegneissa und Farisea a Weibsbüd daheazaad, de wos s dabei darennd haum, wia s ian Oedn oweghaud hod. De haum s eam mitn fua d Nosn hiigschdöd
und haum xogd zu eam: „Heasd, des Baa haum s dabei dawischd, das s ian Oedn bedakld hod.
Jezd hod owa scho da Moses augschoffd, das a so ane mid Schdaana daschloong wean soe. Wos sogsd n du dazua?"
Ä gloa, das s eam des nua gfrogd haum, damid s eam auf d Saaf schdeing lossn, nemlich damid s wos wissn auf eam, mid den s n einedraan kenan. Owa da Jesus hod ka Uawaschl griad und hod dau, wia waun a mi n Finga iangd wöche Graxln aum Fuasboon föwan däd.
Owa wäu s eam ka Rua lossn haum und eam a Loch in Bauch gfrogd haum, hod a si hoed an Schdessa geem und hod xogd: „Waun s an gibd bei eich, dea wos in sein gaunzn Leem nu ka Linke zaumdraad hod, daun soe a ia in easchdn Schdaa aufedunan!"
Nocha hod a si wida zaumghokald und hod weida graxld mi n Finga auf d Ead.
Wia de jezd owa sei Mödung ghead haum, san s ana noch n aundan oogschoom mi n eizoganan Schwaaf, d Owajassn oes easchdas. Und da Jesus hod si nix wissn

Ältesten. Und er blieb allein zurück und die Frau, die in der Mitte stand.
Da richtete sich Jesus auf und sprach zu ihr: „Frau, wo sind sie? Hat keiner dich verurteilt?"
Sie aber sprach: „Keiner, Herr!" Da sprach Jesus zu ihr: „Auch ich verurteile dich nicht. Geh und sündige von jetzt an nicht mehr."

Die Steuerfrage

MARKUS 12, 13–17

Und sie schickten einige von den Pharisäern und den Herodianern zu ihm, um ihn durch ein Wort zu fangen.
Und sie kamen und sagten zu ihm: „Rabbi, wir wissen, daß du wahrhaft bist und nach niemandem fragst; denn du siehst nicht auf die Person der Menschen, sondern lehrst den Weg Gottes nach der Wahrheit. Ist es erlaubt, dem Kaiser Steuer zu zahlen oder nicht? Sollen wir zahlen oder nicht?"
Er aber durchschaute ihre Heuchelei und sprach zu ihnen: „Was versucht ihr mich? Bringt mir einen Denar, damit ich ihn sehe."
Da reichten sie einen. Und er sprach zu ihnen: „Wessen ist dieses Bild und die Aufschrift?" Sie antworteten ihm: „Des Kaisers."

gmochd und is alaa bikkn blim, und des Weibsbüd is imma nu in da Mitn gschdauntn wia r a augmolana Diak. Noch an Zeidl hod a si daun an Auraund gnuman und hod s augschaud und hod gfrogd: „No, Gnädixde? Wo san s n ole hii? Hod da kana an Schdaa aufeghaud?" Drauf hod s xogd: „Naa, ka anzicha, Hea Scheef!" Jezd hod da Jesus gmaand: „No, i bi aa ned a so. Ziag oo und hoed di s nexde Moe a bisl mea zruk."

Ob ma Schdeia brenan soe

Nocha haum s eam an Haufm Farisea und Herodiana aufeghussd, wäu sa si denkd haum, womeglich fagogld a si amoe bei n Redn und auf de Dua kenan s eam eifoan lossn.
De san eam jezd oeso zuwegräud und haum xogd: „Hea Scheef, des waas a jeda, das d di du an blaun Deife scheasd um des, wos und wea ana is; dia is des blunzn, ob ana a Kapo is oda iangd a oams Wiaschdl – du dazöösd hoed, wia ma s in Heagod rechd mochn soe, aafoch so, wäu s woa is. Oesdan: Is des in Uadnung, das ma fia n Keisa Schdeia zoen miassn, oda ned? Soe ma brenan oda ned?"
Owa da Jesus woa jo ka heiricha Hos, dea hod des sofuat iwarissn, das s eam nua umeheem woen, und weng den hod a xogd: „Wos woez mi n auf d Saaf schdeing lossn? Bringz ma an süwanan Zeena, damid i ma n auschaun kau."
Drauf haum s eam an hiighoedn. Jezd hod a gfrogd: „Wem sei Bü'l und wem sei Nauman is n des do drauf?" Und de haum xogd: „In Keisa seine."

Jesus aber sprach zu ihnen: „Gebt dem Kaiser, was des Kaisers, und Gott, was Gottes ist.“ Und sie wunderten sich über ihn.

Die Auferstehungsfrage

MARKUS 12, 18–27

Und Sadduzäer kamen zu ihm, die behaupteten, es gebe keine Auferstehung, und fragten ihn: „Rabbi, Mose hat uns vorgeschrieben, wenn jemandem ein Bruder stirbt und er hinterläßt eine Frau, aber kein Kind, dann soll sein Bruder die Frau heiraten und seinem Bruder Nachkommen erwecken.
So waren da sieben Brüder. Der erste nahm eine Frau, aber als er starb, hinterließ er kein Kind.
Da nahm sie der zweite und starb, ohne Kinder zu hinterlassen und der dritte ebenso.
Und alle sieben hinterließen keine Nachkommen. Zuletzt von allen starb auch die Frau.
Bei der Auferstehung nun – falls sie auferstehen – welchem von ihnen wird sie als Frau angehören? Denn sieben haben sie ja zur Frau gehabt.“
Jesus sprach zu ihnen: „Irrt ihr nicht deshalb, weil ihr weder die Schriften kennt noch die Kraft Gottes?
Denn wenn sie von den Toten auferstehen,

Auf des aufe hod da Jesus gmaand: „No oeso, daun gebz in Keisa in Keisa sei Soch und in Heagod in Heagod sei Soch.“ Drauf san s gaunz schmääschdaad gwesn.

Ob ma wida aufschdäd oesa Lewenticha

Nocha san eam a boa Sadduzea zuwegschdiing – des san soechane, de wos an eiredn woen, das oes aus is, waum ma a Bangl reissd – und haum eam gfrogd:
„Hea Scheef, da Moses hod jo foegendes augschoffd: Waun da dei Bruada umeschdäd und ea hod a Oede, owa Baumpalädschn ned, daun soesd des Weibsbüd heiratn, damiz d dein Bruadan wenixdns hintnoch an Nochwux mochsd.
Guad. Jezd woan do amoe sim Briada. Da easchde hod si a Oede xuachd, und wia r a d Bodschn gschdrekd hod, woan kane Kinda do.
Drauf hod s da zweite gnuman und is aa oopfludad one an Baumpalädsch, und mi n dritn woa s d nemliche Gschichd.
Und ole siwane haum s kan Gschroppm zaumbrochd.
Und zan Schlus is des Weibsbüd aa nu umegschdauntn.
Oesdan, waun jezd ole midaranaunda wida lewentich wean – waun s as wean! –, wem sei Oede is s n daun? Wäu ole siwane woan jo faheiradt mid ia!“
Drauf hod da Jesus xogd: „Do schdäz gaunz daneem, wäu s ned gneissz, wos in da Biwe schdäd; und wos da Heagod oes kau, do hobz ka Aunung dafoo.
Bassz auf: Waun d Leid wida lewentich wean, daun

heiraten sie nicht, noch lassen sie sich heiraten, sondern sind wie die Engel im Himmel.
Was aber die Toten angeht, daß sie auferweckt werden, habt ihr nicht im Buche Mose, in der Geschichte vom Dornbusch gelesen, wie Gott zu ihm sprach: ‚Ich bin der Gott Abrahams und der Gott Isaaks und der Gott Jakobs'?
Er ist kein Gott von Toten, sondern von Lebenden. Ihr seid sehr im Irrtum."

Die Frage nach dem größten Gebot

MARKUS 12, 28–34

Und einer der Schriftgelehrten, der sie miteinander disputieren gehört und erkannt hatte, wie gut er ihnen antwortete, trat hinzu und fragte ihn: „Welches ist das erste Gebot von allen?"
Jesus antwortete: „Das erste ist: ‚Höre Israel, der Herr, unser Gott, ist allein Herr,
und du sollst den Herrn, deinen Gott, lieben aus deinem ganzen Herzen und aus deiner ganzen Seele und aus deinem ganzen Denken und aus deiner ganzen Kraft.'
Das zweite ist dieses: ‚Du sollst deinen Nächsten lieben wie dich selbst.' Größer als diese ist kein anderes Gebot."
Da sagte der Schriftgelehrte zu ihm: „Gut, Rabbi, und wahr hast du gesagt: ‚Er ist nur ein Einziger, und es ist kein anderer außer ihm.'
Und ihn zu lieben aus ganzem Herzen, aus ganzem Denken und aus ganzer Kraft und den

schbüd si nix oo mid Heiratn und so, wäu daun san s wia d Engaln oom in Hime.
Und waun ma scho fo de redn, de wos a Bangl grissn haum, und das s wida lewentich wean: Hobz ned bei n Moses de Gschichd fo da brenadn Schdaun glesn, wo da Heagod zu eam sogd: ‚I bi in Abraham sei Heagod und in Isaak sei Heagod und in Jakob sei Heagod'?
Oesdan: Ea is a Heagod fia Lewentiche, ned fia Hiniche. Do saz aum fakeadn Daumpfa!"

Wo ma aum meisdn drauf aufbassn muas

Nocha is ana fo d Biwegneissa, dea wos de gaunze Schdreidarei ghead hod und xäng hod, mid wos fia Retuagudschn das a eana kumd, daheagräud und hod gfrogd: „Sog, auf wos muas ma n aum meisdn aufbassn, das ma si danoch richdt?"
Drauf da Jesus: „S Wichdixde is des Xazzl: ‚Huachz guad zua, Buaschn, unsa Heagod is da anziche Heagod,
und auf den Heagod muasd schdee mid dein Heaz und mid dein Gmiad und mid dein Hian und mi n gaunzn Gschäfd.'
Und aum zweitmeisdn meak da des: ‚Schau, das d auf d aundan Leid grod a so schdäsd wia r auf di söwa'. Mea wia de zwa Sochn güt nix auf da Wöd."
Auf des aufe hod dea Biwegneissa gmaand: „Glass hosd des xogd, Maasda, und rechd hosd aa: ‚Es gibd nua an anzichn Heagod und sunzd kan.'
Und das ma auf eam schdäd auf dausnd und auf d

Nächsten zu lieben wie sich selbst, das ist weit mehr als alle Brandopfer und anderen Opfer."
Als Jesus ihn so verständig antworten hörte, sprach er zu ihm: „Du bist nicht fern vom Reiche Gottes." Und niemand wagte mehr, ihm eine Frage vorzulegen.

Das Urteil Jesu über die Schriftgelehrten

MARKUS 12, 35–40

Und als Jesus im Tempel lehrte, ergriff er das Wort und sprach: „Wie können die Schriftgelehrten sagen, der Messias sei der Sohn Davids?
David selbst hat doch im Heiligen Geiste gesagt: ‚Der Herr sprach zu meinem Herrn: Setze dich zu meiner Rechten, bis ich deine Feinde unter deine Füße lege.'
David selbst also nennt ihn Herr; woher ist er dann sein Sohn?"
Und die große Menge hörte ihm gerne zu.
Und er sprach in seiner Lehre: „Hütet euch vor den Schriftgelehrten, die gern in wallenden Gewändern einhergehen, auf den Marktplätzen begrüßt werden
und die ersten Sitze in den Synagogen und die Ehrenplätze bei den Gastmählern einnehmen.
Sie zehren die Häuser der Witwen auf und verrichten zum Schein lange Gebete. Sie werden ein um so strengeres Urteil erfahren."

aundan Leid grod a so wia r auf si söwa, des is mea weat wia de gaunzn Danz mi n Weirauch und mi n Glinglbei'l und so."
Wia da Jesus dera Oat gschbaund hod, das des ana is, mid den si redn lossd, hod a xogd zu eam: „Du bisd scho beino so weid, das da Heagod a Freid mid dia hod." Und nocha hod si kana mea draud, eam um wos frong.

Da Jesus fäud auf d Biwegneissa

Und dawäu a in Dempe drin gschüdad hod, hod a amoe gmaand: „Wia kenan dn de Wä'ln fo Biwegneissa dazöön, das da Häuland in David sei Bua sei soe?
Da David hod söwa xogd (des haassd, eigandlich hod eam da Häuliche Geisd so redn lossn): ‚Da Heagod hod zu mein Scheef xogd: Sez di neem mi, bis das i ole, wos wos geng di haum, nidabrakd hob.'
Waun a oeso fon David söwa oes Scheef augredt wiad, da Häulaund, wia kau a n daun sei Bua sei?"
Und d Leid haum eam ole gean zuaghuachd.
Und ea hod xogd: „Lossz eich auf nix ei mid de Biwejassn, de wos mid eanara Aubumpara-Bania einedraan und fua de s auf da Gossn iwaroe Bukaln mochn
und de wos d besdn Siz griang in Dempe drin und duat, wo s eiglond wean, aa.
De Hundsfuada lossn si s guad gee mid d Greizaln fo iangd an oaman oedn Muatal, und dabei dan s schmäähoewa, wia waun s d reinzdn Keazlschlika waan. Owa woaz nua: de wean dafua gaunz schiach eifoan."

Das Opfer der Witwe

MARKUS 12, 41–44

Und er setzte sich dem Opferkasten gegenüber und sah zu, wie die Leute Geld in den Opferkasten warfen und viele Reiche viel hineinwarfen.
Und eine arme Witwe kam und warf zwei Heller ein, das ist ein Pfennig.
Da rief er seine Jünger zu sich und sprach zu ihnen: „Wahrlich, ich sage euch, diese arme Witwe hat mehr eingeworfen als alle, die (etwas) in den Opferkasten eingeworfen haben.
Denn alle haben von ihrem Überfluß eingeworfen, sie aber hat in ihrer Armut alles eingeworfen, was sie zum Leben hatte."

Von der Wiederkunft, vom Ende der Welt

MARKUS 13, 1–13

Und als er den Tempel verließ, sagte einer seiner Jünger zu ihm: „Meister, sieh, was für Steine und was für Bauten!"
Jesus sprach zu ihm: „Siehst du diese großen Bauten? Kein Stein wird auf dem anderen bleiben, der nicht weggerissen wird."
Und als er auf dem Ölberg saß gegenüber dem Tempel, fragten ihn Petrus, Jakobus, Johannes und Andreas, als sie unter sich waren:
„Sag uns, wann wird dies geschehen? Und welches ist das Zeichen, wann dies alles sich vollenden wird?"
Da begann Jesus zu ihnen zu sprechen: „Seht zu, daß niemand euch irreführe.

A oeds Muatal gibd ire lezdn Nädsch hea

Nocha hod a si wisawii fo an Opfabixl hiiknozd und hod zuagschaud, wos d Leid so einehaun; und do hod a xäng, das a boa bessare Leid gaunz sche wos auslossn haum.
Daun is a oeds Muatal augwogld und hod zwa Sexaln einegschmissn, des is sofü oes wia r a Blära.
Drauf hod a seine Schbäze heagwachld und hod xogd zu eana: „Fraunk, des Muatal hod mea einedau wia ole aundan zaum.
Wäu de haum nua des heageem, wos eana iwabliim is; und de oame Haud hod ire lezdn Greschaln heagschengd, wos s söwa nodwendich ghobd häd zan Leem!"

Waun a widakumd und waun s aus wiad sei

Wia r a nocha ausse is aus n Dempe, hod ana fo seine Schbäze zu eam xogd: „Schau da des au, Maasda, wos des fia bozzn Schdaana san und wos s fia mugl Heisablek baud haum draus!"
Drauf da Jesus: „Maansd de drimma Kisdn doda? Mei Liawa, fo de wiad nix iwableim wia r a Haufm hiniche Schdaana; des wiad oes zmeaschad."
Und wia r a daun mid seine Hawara alaanich oom aum Ööbeag xessn is, wisawii fon Dempe, san eam da Petrus, da Jakobus, da Johannes und da Andreas augaungan: „Gä, farod uns, waun wiad n des bassian? Und aun wos kau ma s n oogneissn, das s jezd und jezd so weid sei wiad?"
Drauf hod da Jesus zan Schüdan augfaungd: „Schauz

Viele werden in meinem Namen kommen und sagen: ‚Ich bin es', und werden viele irreführen. Wenn ihr aber von Kriegen und Kriegsgerüchten hört, erschreckt nicht. Es muß so kommen, aber es ist noch nicht das Ende.

Denn ‚Volk wird sich erheben gegen Volk und Reich gegen Reich'. Da und dort werden Erdbeben sein, und Hungersnöte wird es geben. Das ist der Anfang der Wehen.

Ihr aber, hab acht auf euch selber: Man wird euch den Gerichten überliefern und in den Synagogen geißeln, vor Statthalter und Könige stellen um meinetwillen, zum Zeugnis für sie.

Und unter allen Völkern muß zuvor die Heilsbotschaft verkündet werden.

Und wenn sie euch hinführen, um euch zu überliefern, so seid nicht vorher besorgt darüber, was ihr reden sollt, sondern was euch in jener Stunde gegeben wird, das redet. Denn nicht ihr seid es, die dann reden, sondern der Heilige Geist.

Und ein Bruder wird den anderen zum Tode überliefern und ein Vater das Kind. Und Kinder werden gegen ihre Eltern auftreten und sie zu Tode bringen.

Und ihr werdet von allen gehaßt werden um meines Namens willen. Wer aber ausharrt bis zum Ende, der wird gerettet werden.

dazua, das s eich ned auf d Schaufe nema lossz fo iangd an Schmäädandla.
Wäu do wean fü mid mein Renomää hausian gee und song: ‚I bi s', und auf de Dua wean s d Leid draugriang. Und waun s daun heaz, das Griag gfiad wiad und das s iwaroe auf da Wöd brandld, daun duaz eich nix au. Des muas so sei – und mid den hod s nu laung ka End.
Wäu ‚Wikln wean sei, Kööch wean sei, Griag wean sei', wia s in Biachl schdäd. Ole Hundsminutn wiad s a Eadbeem geem, das oes schewad, und d Leid wean fua Flamoo froo sei, waun s an Rozzn dawischn zan Aussabochn. Auf de Oat wiad s aufaungan, das oes grochn gäd.
Und ia doda, mochz eich auf wos gfossd und bassz auf eich söwa auf: Eich wean s bei da Hää fanaadan, und in d Kiachn wean s eich mid Beidschn schnoezn wia d Esln; dafua, das s zu meina Batii gheaz, wean s eich bei d Kenich und bei d gaunzn aundan Groskopfadn fuafian oes in Wauwau, wos aun oen schued is.
Owa fuahea muas iwaroe auf da gaunzn Wöd d Aansabosd renan.
Und waun s eich oeso, wia xogd, hiischleifm zua Hää, daun reissz eich kan Haxn aus weng den, wos s in Richda dazöön soez: Sogz gaunz aafoch des, wos eich grod in Schä'l kumd. Wäu daun redt nemlich ä da Häuliche Geisd schdot eich.
Und aa Bruada wiad in aundan fazindn, und da Foda sein Gschroppm. Und d Gschroppm wean auf eanare Oedn losgee und wean s haamdraan.
Und auf eich wean s iwaroe fäun weng den, das s zu meina Blodan gheaz. Owa wea des iwadauchd und oes duachschdäd bis zan Schlus, dea is aus n Wossa.

Die große Drangsal Jerusalems

MARKUS 13, 14–23

Wenn ihr aber den Greuel der Verwüstung da stehen seht, wo er nicht sein darf – wer es liest, bedenke es wohl –, dann fliehe in die Berge, wer in Judäa ist.
Wer auf dem Dache ist, der steige nicht herab und gehe nicht in sein Haus, um etwas zu holen, und wer auf dem Felde ist, kehre nicht zurück, seinen Mantel zu holen.
Wehe aber den Schwangeren und Stillenden in jenen Tagen.
Betet auch, damit es nicht in den Winter falle, denn jene Tage werden eine Drangsal sein, wie noch keine gewesen ist seit dem Anfang der Schöpfung, die Gott geschaffen hat, bis jetzt und auch nicht mehr sein wird.
Und wenn der Herr jene Tage nicht verkürzt hätte, würde kein Mensch gerettet werden. Aber um der Auserwählten willen, die er erwählt hat, hat er die Tage verkürzt.
Und wenn dann jemand zu euch sagt: ‚Sieh, hier ist der Messias', ‚Sieh, dort', so glaubt es nicht.
Denn es werden falsche Messiasse und falsche Propheten auftreten und werden Zeichen und Wunder tun, um womöglich (auch) die Auserwählten irrezuführen.
Ihr aber seht euch vor; ich habe euch alles vorausgesagt.

Jerusalem kumd schiach drau

Und waun s de grausliche Wiadschofd sächz, und zwoa – jezd bassz guad auf! – grod duat, wo s eigandlich ned sei deafad, daun reissz oo, waun s grod in Judäa saz, und fagräuz eich in d Beag.
Wea grod aum Dochboon oom is, dea soe oom bleim und jo ned owakuman, si iangd a Gramure aufezaan.
Und waun ana draussd aum Okka tschinogld, daun soe a jo ned zausgee, si sein Janka hoen.
Bsundas oam drau san in dera Zeid ole Weiwa, de wos grod an Gschroppm griang oda grod an griagd haum; de haum in Scheam auf.
Und hoezz d Daam, das de gaunze Gschichd ned exdra nu in Winta bassiad, wäu de Dog wean so grauslich wean, wia s as nu ned geem hod, seit das da Heagod d Wöd gmochd hod, und wia s as aa nimma geem wiad.
Und waun da Heagod fo dera Zeid ned fuan und hint a Schdikl oozwikd häd, daun däd s iwahaupd ka Mentschnsöö duachschdee. Owa ea hod weng de boa glassn Buaschn, wos a si ausxuachd hod, ä a Eisäng ghobd und hod gschaud, das de gaunze Gschichd gschwind fuabei is.
Und waun daun ana sogd zu eich: ‚Schauz, do is da Häulaund' und ‚Schauz, duatn schdäd a', daun nemz eam as ned oo,
wäu s nemlich foesche Brofätn und foesche Messias geem wiad zan Saufiadan, und de wean ole meglichn Danz und Kunsdschdikln zaumdraan, damid s de boa ausxuachdn glassn Buaschn aa nu auf d Saaf schdeing lossn.
Und ia doda schdöz eich drauf ei; wäu i hob eich jo ä in fuaraus oes xogd.

Das Kommen des Menschensohnes

MARKUS 13, 24–32

Aber in jenen Tagen nach jener Drangsal wird sich die Sonne verfinstern, der Mond wird seinen Schein nicht mehr geben,
und die Sterne werden vom Himmel fallen, und die Kräfte des Himmels werden erschüttert werden.
Und dann wird man den Menschensohn in den Wolken des Himmels kommen sehen mit großer Macht und Herrlichkeit.
Und dann wird er die Engel aussenden und die Auserwählten sammeln von den vier Winden her, vom Ende der Erde bis zum Ende des Himmels.
Vom Feigenbaum aber lernt das Gleichnis: Wenn sein Zweig schon saftig wird und die Blätter heraustreibt, dann erkennt ihr, daß der Sommer nahe ist.
So sollt auch ihr, wenn ihr das geschehen seht, erkennen, daß er (der Menschensohn) nahe vor der Tür steht.
Wahrlich, ich sage euch: Dieses Geschlecht wird nicht vergehen, bis dies alles geschehen sein wird.
Der Himmel und die Erde werden vergehen, meine Worte aber werden nicht vergehen.
Jenen Tag aber oder die Stunde kennt niemand, auch nicht die Engel im Himmel, auch nicht der Sohn, sondern nur der Vater.

Waun da Jesus zrukkumd

Und waun daun s Eaxde fuabei is, wiad d Sun oojankan, wia waun s an Kuazn grissn häd, und waun da Mond scheina soetad, wiad s easchd rechd finsda sei.
Und d Schdean wean oozischn, und in gaunzn Hime wiad s bei'ln, das s da fuakumd, jezd und jezd foed a ausanaunda.
Und daun wiad ma säng, wia r i owakum mi n gaunzn Gschäfd iwa n Hime, so glass und so gros, das d as ned aushoezd.
Und i wea d Engln fuarausschikn, das s ole glassn Buaschn zaumsuachn, fo Tschuuschien bis Bifkinäsien und fo d Mua'ln bis zu d Schlizaugadn, mid an Wuat, fo an End fo da Wöd bis zan aundan fon Hime.
Nu wos: Schbikz eich fo d Griachalbaam an Schmää oo: Waun d Zweigln fo so an scho sofdich wean und ausdreim, daun siachsd, das da Summa iwa jo und naa do sei wiad.
Grod a so is s, waun s des, wos i eich gschüdad hob, bassian sächz: daun soez wissn, das i boed zrukkuman wia.
Und des sog i eich, fraunk: Befua ned des oes gschäng is, wiad s mid dera Rass do ka End haum.
Mi n Hime wiad s a End haum, und mid da Wöd wiad s a End haum, owa mid meina Bosd wiad s ka End haum.
Und waun das des oes bassian wiad, wos i eich gschüdad hob, des waas kana, ned amoe d Engln in Hime, ned amoe in Heagod sei eigana Bua; des waas nua ea söwa, da Himefoda.

Mahnung zur Wachsamkeit

MARKUS 13,
33–37

Gebt acht! Wachet! Denn ihr wißt nicht, wann der Augenblick da ist.
Es ist wie bei einem Manne, der außer Landes reiste, sein Haus verließ und seinen Knechten Vollmacht gab, jedem seine Arbeit, und dem Türhüter befahl, wachsam zu sein.
Wachet also, denn ihr wißt nicht, wann der Herr des Hauses kommt, ob am Abend oder um Mitternacht oder beim Hahnenschrei oder frühmorgens,
damit ihr nicht, wenn er unvermutet kommt, euch schlafend finde.
Was ich aber euch sage, das sage ich allen: Wachet!“

D Leid soen aufbassn und auf oes gfossd sei

Bassz oeso auf! Bleibz oewäu aum Schbrung! Wäu ia kenz ned wissn, waun s so weid sei wiad.
Des is grod a so, wia waun a Haushea weid fuat foad und sei Haus alaa lossd; daun sogd a fuahea in gaunzn Beasonäu, wos s duan deafm und wos s duan soen, und in Hausmaasda gibd a an exdra Schdessa, das a jo ned eibüsln soe.
Saz oeso olawäu gfossd auf oes, wäu ia kenz as jo ned schmekn, waun da Haushea zrukkumd, ob um fümfe oda um neine, ob z Mitog oda mitn in da Nochd, und waun a daun auf Schlogdreffm iangd waun eireit, soe a eich jo ned bei n Schnoachn dawischn.
Und des sog i ned nua fia eich, des güt fia ole: Bassz auf und mochz eich gfossd!"

VIII Das letzte Osterfest

Beschluß gegen Jesus

MARKUS 14, 1–2

In zwei Tagen aber war Ostern und das Fest der ungesäuerten Brote. Und die Hohenpriester und Schriftgelehrten suchten, wie sie ihn mit List ergreifen und töten könnten.
Sie sagten nämlich: „Nur nicht am Fest, damit es keinen Aufruhr im Volke gibt."

D lezdn Osdan

Wos sa si geng an Jesus ausschnopsn

Jezd woa owa in zwa Dog Osdan – des woan domoes aa scho greware Feiadäg. Und d Owapfoffm und d Biwegneissa haum ole hii und hea iwalegd, wia s eam auf a unaufföliche Dua daglengan und haamdraan kentn.

Si haum si nemlich denkd: „Nua jo ned zu d Feiadäg, sunzd sezzz an Aufschdos bei d Leid!“

Die Salbung in Betanien

MARKUS 14,3–9

Und als er in Betanien war, im Hause Simons des Aussätzigen, kam, während er zu Tische lag, eine Frau mit einem Alabastergefäß voll Salböls aus echter, kostbarer Narde, zerbrach das Gefäß und goß es aus über sein Haupt.
Aber einige sagten unwillig zueinander: „Wozu ist diese Verschwendung des Salböls geschehen? Man hätte dieses Salböl ja für mehr als dreihundert Denare verkaufen und den Armen geben können." Und sie schalten sie.
Jesus aber sprach: „Laßt sie! Warum kränkt ihr sie? Sie hat eine gute Tat an mir getan.
Denn Arme habt ihr allezeit bei euch und könnt ihnen Gutes tun, sooft ihr wollt, mich aber habt ihr nicht allezeit.
Was sie vermochte, hat sie getan; sie hat im voraus meinen Leib zum Begräbnis gesalbt.
Wahrlich, ich sage euch: Wo immer auf der ganzen Welt die Heilsbotschaft verkündet wird, da wird auch zu ihrem Gedächtnis erzählt werden, was sie getan hat."

Der Verrat des Judas

MARKUS 14, 10–11

Und Judas Iskariot, der eine von den Zwölfen, ging zu den Hohenpriestern hin, um ihn ihnen zu überliefern.

Wia eam in Betanien ane an Bafäu iwa d Hoa rina lossd

Wia da Jesus nocha in Betanien gwesn is, bei n grezzadn Simon dahaam, is, dawäu s grod ghawad haum, a Weibsbüd mid an boazlaananan Gschial audaunzd, do woa a echda, deira Bafäu drin; und des hod s zdiidschd und hod eam den Bafäu driwarinan lossn iwa d Hoa.
Auf des aufe haum a boa gmodschgad: „Wos urassd n de a so mid den guadn Bafäu?
Des häd ma doo leichd faschewan kenan fia dreihundad Blera, und mid de drei Kilo waa iangd ana oaman Haud ghoefm gwesn!“ Und si haum de Oede auzipfd.
Owa da Jesus hod xogd: „Lossz as, lossz as. Daz ia ned wää. Schauz, de guade Söö is liab zu mia, des is aa wos weat.
Wäu oame Hund findz ä olawäu mea wia gnua; owa mi hobz ned olawäu.
Das s dau hod, wos s kenan hod, miassz jo zuageem.
Gwissamossn hod s mi in fuaraus fia d Leich eigschmiad.
Fraunk, Buaschn: Iwaroe auf da Wöd, wo s d Aansabosd schüdan wean, wean s ned auf des fagessn, wos de fia mi dau hod.“

Da Judas fazindt eam

Und des Gfrassd fo an Judas Iskariot – ana fo seine zwöf Schbäze – hod si auf a Bakl zaumghaud mid d Owapfoffm, damid a in Jesus fanaadad.

Die aber freuten sich, als sie das hörten, und versprachen, ihm Geld zu geben; und er suchte, wie er bei guter Gelegenheit ihn überliefern könnte.

Das letzte Abendmahl

MARKUS 14, 12–25

Und am ersten Tage der ungesäuerten Brote, an dem man das Osterlamm schlachtete, sagten seine Jünger zu ihm: „Wo willst du, daß wir hingehen und bereiten, damit du das Paschamahl halten kannst?"

Da sandte er zwei seiner Jünger und sprach zu ihnen: „Geht in die Stadt, dort wird euch ein Mann begegnen, der einen Wasserkrug trägt. Folgt ihm,

und wo er hineingeht, da sagt zu dem Hausherrn: ‚Der Meister läßt sagen: Wo ist das Gemach für mich, in dem ich mit meinen Jüngern das Paschamahl halten kann?'

Und er wird euch ein großes Obergemach zeigen, das mit Polstern belegt und hergerichtet ist. Dort bereitet es für uns."

Da gingen die Jünger weg, kamen in die Stadt und fanden es, wie er ihnen gesagt hatte, und bereiteten das Ostermahl.

Als es Abend geworden war, kam er mit den Zwölfen.

Und während sie zu Tische lagen und aßen, sprach Jesus: „Wahrlich, ich sage euch: Einer von euch wird mich überliefern, (einer,) der mit mir ißt."

Und wia de des ghead haum, das a n fazindn wü, san s soo hoch ghupfd fua Freid und haum eam a schweas Göd faschbrochn, waun a n eana bei guadn Wind heabei'ld.

S lezde Nochdmoe

Und aum easchdn Osdafeiadog – wo s bei d Judn da Gheadsi woa, das s d Osdalampän fanoschn – haum in Jesus seine Schbäze zu eam xogd: „Wo hädsd as n gean, das ma da in Osdaschekl bschdön und hearichtn?"
Drauf hod a zwa Schbäze in d Schdod eine gschikd und hod xogd: „Gäz eine in d Schdod; duat weaz an Binkl dreffm, dea wos an Heefm foe Wossa zaad. Den schdeigz noch,
und duat, wo r a einegäd, duat gräuz aa eine und sogz zan Wiatn: ‚Da Hea Scheef lossd da foegendes ausrichdn: Wo is des Exdraschdiwal fia mi, wo i mid meine Schbäze Osdan feian kau?'
Auf des aufe wiad a eich a drumm Zimma oom in easchdn Schdog auschaun lossn, mid Boesdasessln und mi n gaunzn Drum und Drau. Duat richz oes hea fia uns."
Drauf san de Hawara oogschoom, eine in d Schdod, und haum oes genau so gfuntn, wia r a s eana xogd hod, und haum oes sche heagrichdt.
Auf d Nochd daun is ea, da Jesus, mid seine Schbäze eigridn.
Und dawäu s ole gwikld und biaschdld haum, hod a xogd: „Fraunk, des muas i eich schoo song: Ana fo eich wiad mi fanaadan, ana, dea wos grod doda mid mia eischneidt."

Da begannen sie traurig zu werden, und einer nach dem anderen sagte zu ihm: „Ich bin es doch nicht?"
Er aber sprach zu ihnen: „Einer von den Zwölfen, der mit mir (die Hand) in die Schüssel taucht.
Zwar geht der Menschensohn dahin, so wie es von ihm geschrieben steht. Wehe aber jenem Menschen, durch den der Menschensohn überliefert wird. Besser wäre es für jenen Menschen, er wäre nie geboren."
Und während des Mahles nahm er Brot, sprach das Segensgebet, brach es und gab es ihnen mit den Worten: „Nehmt, das ist mein Leib."
Und er nahm einen Kelch, sprach das Dankgebet und gab ihn ihnen, und sie tranken alle daraus.
Und er sprach zu ihnen: „Das ist mein Blut des Bundes, das für viele vergossen wird.
Wahrlich, ich sage euch: Ich werde von der Frucht des Weinstocks nicht mehr trinken bis zu jenem Tage, da ich es neu trinken werde im Reiche Gottes."

Die Voraussage der Verleumdung des Petrus

MARKUS 14, 26–31

Und nach dem Lobgesang gingen sie hinaus zum Ölberg.
Und Jesus sprach zu ihnen: „Ihr werdet alle Anstoß nehmen, denn es steht geschrieben: ‚Ich werde den Hirten schlagen, und die Schafe werden sich zerstreuen.'

Auf des aufe haum s ole in Fooz hengan lossn, und ana um an aundan is eam zuwegräud: „Des wea doo hoffantlich ned i sei?“
Owa ea hod nix weida xogd oes wia: „Ana fo de, wos mid mia aus n gleichn Weidling baumpfm, is s . . .
Jo, jo, i bi gliifad, wia s in Biachl schdäd. Owa wää den, dea do drau schued is. Fia de foesche Grood waa s bessa, waun s ned auf d Wöd kuma waa.“
Und in wäratn Weafm hod a si an Reankn Brod gschnopd, hod a Greiz driwa gmochd, hod eam zdrimmad und hod d Brekln ausdäud mid dera Mödung: „Nemz des; wäu des bi i und mei gaunzz Gschdö.“
Und daun hod a si a Griagl glengd, hod s aa xeengd und hod s weidageem; und ole haum s auzaad draus.
Und dazua hod a xogd: „Des is gwissamossn mei Bluad, mid den drink ma Bruadaschofd; des is, wäu i bliatn muas fia d Leid auf da gaunzn Wöd.
Fraunk, jezd huachz ma guad zua: I wea ma ka anzix Fia'l mea ins Xichd schdessn, bis das i ma s driim ba n Heagod wida guad gee lossn kau.“

Da Petrus wiad nix wissn woen fo eam, sogd da Jesus

Und wia s daun featich woan und eanare Lia'ln xungan ghobd haum, san s ausse aum Ööbeag. Duat hod da Jesus zu eana xogd: „Ia weaz ma ole midanaunda d Freindschofd aufkindign, wäu es haassd jo scho in da Biwe: ‚I wea r in Hoeda zaumhaun, und drauf wean d Lampän ole dafoorenan.‘

Wenn ich aber auferweckt worden bin, werde ich euch nach Galiläa vorangehen."
Petrus aber sagte zu ihm: „Und wenn alle Anstoß nehmen, so doch ich nicht!"
Und Jesus sprach zu ihm: „Wahrlich, ich sage dir, du wirst heute, in dieser Nacht, noch ehe der Hahn zweimal kräht, mich dreimal verleugnen."
Er aber redete nachdrücklich: „Wenn ich mit dir sterben müßte, so werde ich dich niemals verleugnen." Und ähnlich sprachen aber auch alle.

Am Ölberg

MARKUS 14, 32–42

Und sie kamen zu einem Gehöft namens Getsemani, und er sprach zu seinen Jüngern: „Setzt euch hier nieder, während ich bete."
Und Petrus, Jakobus und Johannes nahm er mit sich und begann zu erschauern und zu zagen
und sprach zu ihnen: „Meine Seele ist betrübt bis in den Tod. Bleibet hier und wachet."
Dann ging er ein wenig weiter, warf sich auf die Erde nieder und betete, daß diese Stunde an ihm vorübergehen möge, wenn es möglich wäre,
und sprach: „Abba, Vater, alles ist dir möglich.
Laß diesen Kelch an mir vorübergehen.
Doch nicht was ich will, sondern was du willst."

Owa waun i easchd wida aufgschdauntn bi aus da Gruam, wea r i eich fuarausgee aufe noch Galiläa."
Owa da Petrus hod zrukgredt: „Kau scho sei, das di ole henga lossn wean – owa i doo ned!"
Drauf da Jesus: „Fraunk, Oedschboz, wiasd scho säng: Heit in da Nochd, befua nu da Hau zwamoe graad hod, wiasd as grod du dreimoe ooschdreidn, das d mi kensd!"
Jezd hod da Petrus natialich aufdraad: „Und waun s mi zaum mid dia duach d Wuaschdmaschiin lossn – das i mi oobuzz und nix wissn wü fo dia, des wean s ned daleem!" Und in da gleichn Dua haum seine gaunzn Schbäze in Jassn gschbüd.

Aum Ööbeag oom

Daun san s aussekuman noch Getsemani draussd aum Laund; duat hod a zu seine Hawara xogd: „Sezzz eich hea doda, dawäu i bätn dua."
Und in Petrus, in Jakobus und in Johannes hod a midgnuma. Daun san eam owa doo d Grausbian aufgschdiing fua dera gaunzn Gschichd, und s Heaz is eam in d Hosn gfoen
und ea hod xogd zu eana: „Heaz, mia is eiwendich miis zan Schdeam. Bleibz bikkn doda und woatz auf mi, owa büslz ma ned ei."
Nocha is a a boa Schriad auf d Seitn gaungan und hod si hiigschmissn auf d Ead und hod bädt, das a ned einemuas in de Scheisgossn, waun s ned sei muas, und dera Oat hod a xogd: „Gä, Foda, du kausd doo ä olas mochn. Muas i de Grood wiaklich fressn?
Owa bitschee, i siach s jo ei, das s noch dein Kobf gee

Und er kam und fand sie schlafend und sprach zu Petrus: „Simon, du schläfst? Konntest du nicht eine Stunde wachen?
Wachet und betet, damit ihr nicht in Versuchung fallet, der Geist ist zwar willig, das Fleisch aber schwach.“
Wiederum ging er weg und betete mit den gleichen Worten.
Und als er zurückkam, fand er sie wieder schlafend, denn die Augen waren ihnen schwer geworden, und sie wußten nicht, was sie ihm antworten sollten.
Und er kam zum drittenmal und sprach zu ihnen: „Schlaft ihr weiter und ruht! Es ist genug. Die Stunde ist gekommen. Siehe, der Menschensohn wird in die Hände der Sünder überliefert.
Steht auf. Wir wollen gehen. Siehe, der mich überliefert, ist nahe.“

Die Gefangennahme Jesu

MARKUS 14, 43–52

Und alsbald, während er noch sprach, kam Judas, einer von den Zwölfen, und mit ihm eine Schar mit Schwertern und Knütteln (ausgeschickt) von den Hohenpriestern und Schriftgelehrten und Ältesten.

muas, und ned noch mein." Und daun is a zruk zu seine Hawara, und de haum pfiffm wia d Rozzn; jezd hod a zan Petrus xogd: „Simon! Büsln duasd? Ned amoe a Schdund laung kausd munta bleim?
Nemz eich zaum und daz bätn, damid eich ned wida da Schlof ins Gnak haud; wäu wissz ä, wia s is: In guadn Wün häd ma jo, owa mi n Zaumbringan is s hoed a Gfret."
Und daun hod a si wida fazoong und hod wida bädt, in da gleichn Dua wia fuahea.
Und wia r a nocha zrukkuman is, hod a s scho wida bei n Schnoachn darennd; des is, wäu s so draamhapad woan, das s Schbrissln zan Aungaufhoedn brauchd hädn; jezd woan s gaunz schmääschdad und haum ned gwussd, wia sa si aussaredn soen.
Und wia r a s drite Moe retua kuma is, woa s grod dessöwe, und do hod a xogd: „No leiwaund! Ia legz doda a Schnoachal hii, das s a Freid is. Owa jezd hod s a Ek. Wäu jezd wean mi d gaunzn Ungusdln in eanare Gläwän griang.
Glaubz eichare Baana zaum und gem ma. Schauz, dea wos mi fanaadad hod, is scho do!"

Wia s in Jesus einaan

Und dawäu a nu in dera Oat gredt hod, is scho da Judas eigridn, ana fo seine zwöf Schbäze, und mid den zaum is a gaunze Batii audaunzd, mid Sawän und Brigln in d Brozn; und zwoa woan des d Bugln fo d Owapfoffm und d Biwegneissa und fo da Hotwolää, wos s eam aufeghussd haum.

Der ihn überlieferte, hatte ihnen aber ein Zeichen angegeben und gesagt: „Der, den ich küssen werde, der ist's; den nehmt fest und führt ihn sicher ab."

Und wie er kam, ging er sofort auf ihn zu und sagte: „Rabbi!", und küßte ihn.

Da aber legten sie Hand an ihn und nahmen ihn fest.

Einer aber von denen, die dabeistanden, zog sein Schwert, schlug auf den Knecht des Hohenpriesters ein und hieb ihm das Ohr ab.

Da nahm Jesus das Wort und sprach zu ihnen: „Wie gegen einen Räuber seid ihr ausgezogen, mit Schwertern und Knütteln, um mich gefangenzunehmen.

Täglich war ich bei euch im Tempel und lehrte, und ihr habt mich nicht festgenommen. Doch die Schriften mußten erfüllt werden."

Da verließen ihn alle und flohen.

Und ein Jüngling folgte ihm, mit einem Linnen auf bloßem Leib bekleidet; den wollten sie ergreifen.

Er aber ließ das Linnen fahren und entfloh nackt.

Und de foesche Grood fo an Judas hod si a Zeichn ausgschnopsd ghobd mid eana, und zwoa foegendes: „Den wos i a Bussl gib, dea is s; den bei'lz eich hea und zaaz eam mid."
Wia r a oeso jezd daheagräud is, is a grodaus zan Jesus hii und hod xogd: „Maasda!" und hod eam a Bussl geem.
Auf des aufe san de Bugln losgaungan aum Jesus und haum eam bokd.
Und ana fo seine Hawara, wos dabeigschdaundn is, hod augfaungd zan Umadumfuchdln mid sein Sawe wia r a Wüda und hod an Bugl fon Aansapfoffm a Uawaschl ooghaud.
Nocha hod da Jesus xogd: „Heaz, do kumz dahea mid Sawän und Brigln, wia waun s an Reiwahaupdmau darenna woetaz.
Dabei bin i ä jedn Dog drin in Dempe gwesn und hob gredt; und duat hobz eich ned zuwedraud! No jo, owa es muas hoed so gschäng, wia s in da Biwe schdäd."
Jezd haum eam seine Schbäze alaa lossn und san bäulesiad.
Nua ana is eam nochgräud, a junga Mensch, dea wos nix aughobd hod wia r a Umhangl auf da nokadn Haud; und den haum sa si aa zaumfaungan woen und haum eam dawischd aun an Schessl.
Owa dea is in da Gschwindichkeid aussagschloffm aus den Fezzn und is eana oesa Nokada in d Blia gaungan.

IX Passion und Auferstehung

Jesus vor dem Hohen Rat

MARKUS 14,
53–65

Und sie führten Jesus zu dem Hohenpriester, und alle Hohenpriester und Ältesten und Schriftgelehrten kamen zusammen.
Petrus aber war ihm von weitem gefolgt, bis in den Hof des Hohenpriesters hinein; er saß da bei den Dienern und wärmte sich am Feuer.
Die Hohenpriester und der ganze Hohe Rat

Wia s eam haamdraan und wia r a wida lewentich wiad

Da Jesus bei da Hää

Und de Bugln haum in Jesus zan Aansapfoffm zaad. Duat san nocha d gaunzn Pfoffm und Groskopfadn zaumgrend kuman.
Und da Petrus is eana nochgschlichn fo da Weidn, bis in Hof bei den Owapfoffm eine; duat hod a si dazuaknozd zu d Dinsdmentscha und zan gaunzn Beasonäu und hod si bei eana aum Feia gwaamd.
Dera Wäu haum d Owapfoffm und de gaunzn Mochatschek iangd wos xuachd, wo s eam an Schdrig

suchten ein Zeugnis gegen Jesus, um ihn zum Tode verurteilen zu können, fanden aber keines. Denn es legten (zwar) viele falsches Zeugnis wider ihn ab, aber die Zeugnisse stimmten nicht überein.

Da traten einige auf und legten dieses falsche Zeugnis wider ihn ab, indem sie sagten: „Wir haben ihn sagen hören: ‚Ich werde diesen Tempel niederreißen, der mit Händen errichtet ist, und in drei Tagen einen anderen aufbauen, der nicht mit Händen gemacht ist.'"

Aber auch dabei stimmte ihr Zeugnis nicht überein.

Da erhob sich der Hohepriester, trat in die Mitte und fragte Jesus: „Antwortest du nichts? Was sagen diese gegen dich aus?"

Er aber schwieg und antwortete nichts. Nochmals fragte ihn der Hohepriester und sagte zu ihm: „Bist du der Messias, der Sohn des Hochgelobten?"

Jesus aber sprach: „Ich bin es. Und ihr werdet den Menschensohn sehen, sitzend zur Rechten der Kraft und kommend mit den Wolken des Himmels."

Da zerriß der Hohepriester seine Kleider und sprach: „Was brauchen wir noch Zeugen!

Ihr habt die Lästerung gehört. Was ist eure Meinung?" Sie aber alle sprachen ihn des Todes schuldig.

Und einige begannen, ihn anzuspeien und sein Angesicht zu verhüllen, ihn zu schlagen und zu

draus draan kentn – owa si haum nix Gscheids gfuntn.
Wäu es woan zwoa gnua so foesche Gfrassda doda, de wos si oes megliche geng eam aus d Finga zuzld haum, owa des wos s eam do auhengan woen haum, des hod hint und fuan ned zaumbassd.
Jezd haum a boa gschaud, das s eam mid foegendn gfäudn Schmää einereidn: „Mia haum ghead, wia r a xogd hod: ‚I wea den Dempe, den s mid d Hend aufgschdöd haum, zaumreissn und in drei Dog an aundan baun, dea wos ned mid d Hend gmochd is.‘“
Owa sogoa bei dera Gschichd haum sa si so fagogld, das si ka Hund auskend hod.
Jezd is da Aansapfoff söwa aufgschdauntn fo sein Schdokkal und hod si jassisch hiigschdöd fua n Jesus und hod eam gfrogd: „Wos sogsd n nix auf des, wos da de do aufediwidian?“
Owa ea hod ka Uawaschl griad und hod kan Don xogd.
Drauf is eam da Aansapfoff nu amoe augaungan: „Oesdan, bisd jezd da Messias, da Bua fon Owasdn fo da Hää, jo oda naa?“
Und jezd hod a gredt, da Jesus: „Jo, des bin i. Und ia weaz scho säng, wia r i rechz neem an Heagod sizzn und duach d Woekn owakuman wea.“
Auf des aufe hod si da Aansapfoff sei Gwaund zfezzd, damid ma siachd, wia r a duachdraad, und hod xogd: „Wos brauch ma n do nu laung umadumredn? Jezd hobz as ä ole söwa ghead, wia dea in Heagod beleidigd! Wos maanz ia?“ Und ole, ole haum s xogd, das a aufghengd ghead.
Und a boa haum eam augschlaazd und haum eam an Fezzn iwa s Xichd ghengd zwex Deata und haum eam

ihm zu sagen: „Weissage!“ Und die Diener nahmen ihn unter Schlägen entgegen.

Die Verleugnung des Petrus

MARKUS 14, 66–72

Und während Petrus unten im Hof war, kam eine von den Mägden des Hohenpriesters.
Und als sie den Petrus sich wärmen sah, blickte sie ihn an und sagte: „Auch du warst bei dem Nazarener, dem Jesus.“
Doch er leugnete und sagte: „Ich weiß nicht und verstehe nicht, was du meinst.“ Und er ging hinaus in den Vorhof.
Als die Magd ihn (dort) sah, fing sie wiederum an, zu den Umstehenden zu sagen: „Der gehört zu ihnen.“
Er aber leugnete nochmals. Und bald darauf sagten die Umstehenden wiederum zu Petrus: „Du bist bestimmt einer von ihnen. Du bist ja auch ein Galiläer.“
Da fing er an zu fluchen und zu schwören:
„Ich kenne diesen Menschen nicht, von dem ihr redet.“ Und sogleich krähte der Hahn zum zweitenmal. Da erinnerte sich Petrus an das Wort, das Jesus zu ihm gesagt hatte: „Ehe der Hahn zweimal kräht, wirst du mich dreimal verleugnen.“ Und er brach in Tränen aus.

biand und haum eam gfrozld: „No oesdan, jezd dazöö uns, wos los is!" Und daun haum s eam eanan Bugln zan Aufbassn geem, und de haum eam frisch wida oogfozzd.

Da Petrus schdreit s oo, das a n kend

Dera Wäu is da Petrus unt in Hof glaand, und auf amoe is eam ans fon Aansapfoffm seine Dinsdma'ln iwa n Weg grend,
und wia de oogneissd hod, das a si do in ola Rua waamd, hod s eam fo rundumadum augluad, und hod xogd: „Du woasd jo aa bei den Jesus seina Blodan dabei!"
Owa ea hod s oogschdridn und hod xogd: „Gä, wos rezd n so hoewad dahea!" Und daun hod a si faroed ins Fuahaus ausse.
Und duat hod eam des Dinsdma'l wida daschbechdld und hod zu d aundan xogd: „Des is aa ana fo de!"
Und ea hod s wida oogschdridn. Und iwa jo und naa san s eam ole fo rundumadum augaungan: „Gä, schdö di ned a so, du gheasd doo dazua; des meakd ma doo, das d aus Galiläa bisd!"
Auf des aufe hod da Petrus augfaungd zan Fäun und zan Fluachn wia r a Kapsgudscha:
„Gäz scheissn, i ken den Hawara ned, den s ma do aufediwidian woez." Und glei wia r a ausgredt ghobd hod, hod da Hau s zweite Moe graad. Jezd is eam des aufgschdessn, wos eam da Jesus in fuaraus xogd hod: „Befua nu da Hau zwamoe graad hod, wiasd as dreimoe ooschdreidn, das d mi kensd." Und auf des aufe hod a augfaungd zan Rean.

Der Tod des Judas

MATTHÄUS 27, 3–5

Als nun Judas, der ihn überliefert hatte, sah, daß er verurteilt war, ergriff ihn Reue, und er brachte die dreißig Silberlinge den Hohenpriestern und Ältesten zurück
und sagte: „Ich habe gesündigt, denn ich habe unschuldiges Blut überliefert." Die aber sagten: „Was geht das uns an? Sieh du zu!"
Da warf er die Silberlinge in den Tempel, entfernte sich und ging hin und erhängte sich.

Jesus vor Pilatus

MARKUS 15,1–15

Und sogleich am frühen Morgen faßten die Hohenpriester mit den Ältesten und Schriftgelehrten und dem ganzen Hohen Rat einen Beschluß, ließen Jesus fesseln, abführen und dem Pilatus übergeben.
Und Pilatus fragte ihn: „Du bist der König der Juden?" Er antwortete ihm und sprach: „Du sagst es."
Und die Hohenpriester erhoben viele Anklagen gegen ihn.
Da fragte ihn Pilatus wiederum: „Antwortest du nicht? Sieh doch, was sie alles gegen dich vorbringen!"
Doch Jesus antwortete nicht mehr, so daß Pilatus sich verwunderte.
Zum Feste aber pflegte er ihnen einen Gefangenen freizugeben, den sie sich ausbaten.
Nun war aber ein Mann namens Barabbas im

Da Judas schmeissd si ins Bendl

Wia jezd da Judas xäng hod, das da Jesus, den a fawamsd hod, di fole Leng bokd, hod s eam auf amoe laad dau, und ea hod denan Owapfoffm und Grosschäladn d Marii zrukbrochd
und hod xogd: „I hob an Dodsch gmochd, wäu i hob an, dea wos fraunk is, einegridn." Owa de haum si oobuzzd: „Des is jo ned unsa Gaugau. Hupf in Gaadsch und schlog Wöön!"
Drauf hod a de dreissk Süwablera in Dempe eineghaud, is aum Bokk rotiad und hod si ins Bendl gschmissn.

Da Jesus bei n Pilatus

Aum nexdn Dog in ola Heagodsfrua haum si d Owapfoffm und d Groskopfadn und d Biwegneissa ausgmochd, wos s mi n Jesus dan; und si haum eam zaumbindn lossn und haum eam zan Pilatus gschikd.
Und da Pilatus hod eam gfrogd: „Du wüsd da Kenich fo d Judn sei?" Drauf da Jesus: „Des sogsd du!"
Und d Owapfoffm haum oes megliche dazööd, wos a fia r a Unguada is.
Jezd hod da Pilatus nu amoe gfrogd: „Wos sogsd n nix? Heasd ä, wos de olas wissn auf di!"
Owa da Jesus hod kan Mau mea gmochd, und da Pilatus hod si ned aussaxäng mid eam.
Und fia gweenlich hod da Pilatus zu d Feiadog an Heefmbruada auslossn, waun eam d Leid drum augaungan san, damid a eana a Freid mochd.
Jezd hod a owa domoes grod an gwissn Barabbas in Loch

Gefängnis zusammen mit den Aufrührern, die bei dem Aufstand einen Mord verübt hatten.
Und die Menge zog hin und begann zu begehren, was er ihnen zu gewähren pflegte.
Pilatus erwiderte ihnen: „Wollt ihr, daß ich euch den König der Juden freigebe?"
Er wußte nämlich, daß ihn die Hohenpriester aus Neid überliefert hatten.
Die Hohenpriester aber hetzten die Masse auf, er solle ihnen lieber den Barabbas freigeben.
Da ergriff Pilatus nochmals das Wort und sagte zu ihnen: „Was soll ich dann mit dem machen, den ihr den König der Juden nennt?"
Sie aber schrien wiederum: „Kreuzige ihn!"
Pilatus aber sprach zu ihnen: „Was hat er denn Böses getan?" Da schrien sie noch lauter: „Kreuzige ihn!"
Weil Pilatus aber das Volk zufriedenstellen wollte, gab er ihnen den Barabbas frei, Jesus aber ließ er geißeln und übergab ihn zur Kreuzigung.

Die Dornenkrönung

MARKUS 15, 16–20

Die Soldaten aber führten ihn in das Innere des Palastes, das heißt des Prätoriums, hinein und riefen die ganze Kohorte zusammen.

ghobd, dea is mizaumt seine Hawara eixessn, wäu s bei an grewan Aufschdos wem haamdraad haum.
Und d Leid san ole zaumgrend bei n Pilatus und haum gschrian, das s jezd haum woen, wos s olawäu griagd haum.
Drauf hod da Pilatus gfrogd: „Mechz gean, das i in Kenich fo d Judn auslos?"
Ea hod nemlich oogschdopd, das eam d Owapfoffm in Jesus nua weng den daheazaad haum, wäu s eam sei Renomää neidich woan.
Owa d Owapfoffm san aa ned auf da Nu'lsupm daheagschwuman gwesn und haum d Leid aufghussd, si soen eam liawa um an Barabbas augee.
Jezd hod eana da Pilatus nu amoe ins Gwissn gredt: „Wos soe i n daun mid den mochn, wo s haassd, das a da Kenich fo d Judn is?" Drauf haum s brüd: „Aufhengan!"
Und da Pilatus hod nu amoe xogd: „Weng wos? Wos hod a eich n dau?" Owa de haum nua nu mea blead: „Aufhengan! Nix wia aufhengan!"
Und wäu si da Pilatus guad schdön woet mid d Leid, hod a nochgeem und hod in Barabbas hoed auslossn; und in Jesus hod a mid Beidschn schnoezn lossn, wia s domoes dazuaghead hod, und hod xogd, ea soe aufghengd wean.

Wia s eam a Granzl aus Doanschdaun aufsezzn

Jezd haum eam d Soedodn einegschliffm in des Aumt, wo da Pilatus da Kapo woa, und haum d gaunze Kompanii zaumdrommed.

Dann zogen sie ihm einen Purpurmantel an und setzten ihm eine Dornenkrone auf, die sie geflochten hatten.
Und sie fingen an, ihm zu huldigen: „Heil dir, König der Juden."

Und sie schlugen ihn mit einem Rohr auf das Haupt und spien ihn an, beugten die Knie und fielen vor ihm nieder.
Und nachdem sie ihn verspottet hatten, nahmen sie ihm den Purpurmantel ab und zogen ihm seine eigenen Kleider an.

Der Kreuzweg

MARKUS 15, 20–22

Und sie führten ihn hinaus, um ihn zu kreuzigen.
Und sie zwangen einen Vorübergehenden namens Simon von Cyrene, der vom Felde kam, den Vater des Alexander und Rufus, ihm das Kreuz zu tragen.
Und sie führten ihn zu der Stätte Golgota, das heißt übersetzt: Schädelstätte.

Daun haum s eam an brenrodn Fezzn umghengd, und wäu s gean eanan Gschbas ghobd haum, haum s eam a Granzl aus Doanschdaun aufxezzd, wos sa si söwa zaumdraad haum.
Nocha haum s eam zwex Deata eanan Seawas owagrissn: „Faerung, soesd leem, Hea Kenich fo d Judn!"

Und zan Driwaschdraan haum s eam mid an Schdekn iwa n Schä'l ghaud und haum eam augschlaazd und san schmäähoewa fua eam auf d Knia umadumgrudschd und haum eam Bukaln gmochd.
Und wia s eam nocha laung gnua aum Hönara ghobd haum, haum s eam den rodn Joschi wida weggnuma und haum eam sei eigane Schoen auzoong.

Wia da Jesus mi n Greiz aussemaschiad

Nocha haum s eam an Drit geem und haum eam fuatzaad, damid s eam aufhengan.
Und wäu da Jesus so a Zniachdl woa, haum s an Gscheadn aughaud, dea wos eana in wäratn aussemaschian iwa n Weg grennd is – Simon hod a ghaassn, aus Cyrene woa a und zwa Buam hod a ghobd, in Alexander und in Rufus –; und den haum s gschoffd, ea soe in Jesus des Greiz droong, auf den s eam aunogln woen haum.
In dera Dua haum s eam aussegschliffm noch Golgota, wos auf deidsch xogd sofü haassd oes wia: Schä'lgschdetn.

Die Kreuzigung

MARKUS 15, 23–27

Sie gaben ihm mit Myrrhe gewürzten Wein, er aber nahm ihn nicht.
Dann kreuzigten sie ihn und verteilten seine Kleider, indem sie das Los darüber warfen, was ein jeder bekommen solle.
Es war aber die dritte Stunde, als sie ihn kreuzigten.
Und es war die Inschrift mit der Angabe seiner Schuld angebracht: Der König der Juden.
Mit ihm kreuzigten sie noch zwei Räuber, einen zu seiner Rechten und einen zu seiner Linken.

Jesus wird am Kreuz gelästert und verhöhnt

MARKUS 15, 29–32

Und die Vorübergehenden lästerten ihn, schüttelten den Kopf und sagten: „Ha, du, der den Tempel niederreißt und in drei Tagen wieder aufbaut,
rette dich selbst und steig herab vom Kreuze."
Ebenso spotteten auch die Hohenpriester samt den Schriftgelehrten untereinander: „Anderen hat er geholfen, sich selbst kann er nicht helfen. Der Messias, der König Israels, steige jetzt herab vom Kreuz, damit wir sehen und glauben." Auch die, die mit ihm zusammen gekreuzigt waren, schmähten ihn.

Wia s eam aum Greiz aunogln

Duat hädn s eam an gwiazdn Wei zan Biaschdln geem, owa ea hod ned meeng.
Und daun haum s eam augnogld auf des Greiz; und um sei Gwaund haum s knofed, wea wöchanes Drum griagd.
Und wia s n dera Oat aufghengd haum, woa s grod neine in da Frua.
Und oom auf den Greiz haum s a Schü'l hiibikd, weng wos a aufghengd wuan is: „Dea wü da Kenich fo d Judn sei!"
Und zaum mid eam haum s zwa Reiwa aufghengd, an rechz und an linx fo eam.

Wia s in Jesus aum Greiz oom aufäun und pflanzn

Und a Haufm Leid san fuabeikuman, und ole haum s eam an bugladn Hund ghaassn und haum eam fia an rechdn Schoetl ghoedn und haum eam pflanzd: „No, wia is s? In Dempe häzd oogschian kenan und in drei Dog an neichn zaumbempan?
Oesdan: Schau, das d deine eiganan Baana zaumglaubsd, und hap owa fo den Goeng!"
Und d Owapfoffm und d Biwegneissa haum eam grod a so auf d Schaufe gnuman: „Do schau hea, sunzd woa r a ned a so, sunzd hod a an jedn höfm kenan – und söwa kau a si ned höfm?
Wia haum ma s n jezd mi n Messias, mi n Kenich fo d Judn? Gräu owa fo dein Greiz, daun nem ma da s oo, das d as bisd!" Und de zwa Büücha, wos zaum mid eam aufghengd wuan san, haum aa gmodschgad auf eam.

Der Tod Jesu

MARKUS 15, 33–41

Und von der sechsten Stunde an kam eine Finsternis über das ganze Land bis zur neunten Stunde.
Und in der neunten Stunde rief Jesus mit lauter Stimme: „Eloi, Eloi, lama sabachtani“, das heißt übersetzt: „Mein Gott, mein Gott, warum hast du mich verlassen?“
Als einige der Dabeistehenden das hörten, sagten sie: „Siehe, er ruft den Elija.“
Und einer lief, füllte einen Schwamm mit Essig, steckte ihn auf ein Rohr und gab ihm zu trinken, indem er sagte: „Laßt, wir wollen doch sehen, ob Elija kommt, ihn herabzunehmen.“
Jesus aber stieß einen lauten Schrei aus und verschied.
Da zerriß der Vorhang des Tempels in zwei Teile von oben bis unten.
Als aber der Hauptmann, der ihm gegenüberstand, ihn so verscheiden sah, sprach er: „Dieser Mensch war in Wahrheit Gottes Sohn.“
Es sahen aber auch Frauen von ferne zu, unter ihnen auch Maria von Magdala, Maria, die Mutter des jüngeren Jakobus und des Joses, und Salome,
die ihm, als er (noch) in Galiläa war, nachfolgten und dienten, und viele andere, die mit ihm nach Jerusalem hinaufgezogen waren.

Wia da Jesus umeschdäd

Und fo zwöfe mitog au bis um a drei is s iwaroe in da gaunzn Geengd schdogfinsta wuan.
Und um drei hod da Jesus an Schraa gmochd: „Eloi, Eloi, lama sabachtani!", wos auf guad deidsch sofü haassd oes wia „Foda, Heagod, weng wos lossd mi n so hengan?"
Des haum a boa ghead, wos duat umadumglaand san, und de haum si jezd an gaunz an gfäudn Schmää eifoen lossn: „Hobz ghead, jezd schreid a noch n Elias!"
Und ana hod zwex Gaudää an Bodwaschl in a Essichgschloda eidunkd und hod eam auf a gschbizzz Hözl gschdekd und hod eam in Jesus hiighoedn, ea soe auzaan; und dazua hod a xogd: „Augschaud, ob da Elias jezd eireidt, damid a n owabrokd fo sein Goeng!"
Owa da Jesus hod an Schraa gmochd und is umegschdauntn.
Auf des aufe hod s in Fuahaung drin in Dempe zfezzd fo oom bis unt in zwa Drimma.
Und wia dea Soedodnkapo, dea wos wisawii fon Jesus glaand is, des xäng hod, auf wos fia r a Dua das a d Bodschn schdrekd, hod a xogd: „Naa, fraunk, waun dea ned schmääone in Heagod sei Bua woa, haas i Ludschga!"
Und aussadem haum nu a boa Weiwa zuagschaud fo da Weidn – d Maria fo driim aus Magdala woa dabei und d aundare Maria, in jingan Jakobus und in Joses sei Mamsch, und d Salome,
de wos scho domoes in Galiläa oom mid eam zoong san und eam ghoefm haum – und sunzd aa nu a gaunza Haufm Leid, wos mid eam zaum noch Jerusalem kuma san.

Die Grablegung

MARKUS 15, 42–47

Als es nun schon Abend wurde – es war nämlich Rüsttag, das heißt der Tag vor dem Sabbat –, kam Joseph von Arimatäa, ein angesehener Ratsherr, der auch auf das Reich Gottes wartete. Er wagte es, zu Pilatus zu gehen, und bat um den Leichnam Jesu.

Pilatus aber wunderte sich, daß er schon gestorben sein sollte, ließ den Hauptmann kommen und fragte ihn, ob er schon tot sei.

Und als er es vom Hauptmann erfahren hatte, schenkte er den Leichnam dem Joseph.

Da kaufte dieser Leinwand, nahm ihn herab und hüllte ihn in die Leinwand, legte ihn in ein in den Felsen gehauenes Grab und wälzte einen Stein vor den Eingang des Grabes.

Maria von Magdala aber und Maria, die Mutter des Joses, sahen, wo er hingelegt worden war.

Das leere Grab und die Botschaft des Engels

MARKUS 16,1–8

Und als der Sabbat vorüber war, kauften Maria von Magdala, Maria (die Mutter) des Jakobus,

Wia s sei Leich in a Grufd leng

Wia s jezd finsta wuan is – wia xogd, Freidog woa s, des haassd oeso da Dog fua n Schabbes –, is da Joseph aus Arimatäa daheagräud, ana fo da Hotwolää, dea wos si owa drozzdem gwuntschn hod, das oes so wiad, wia s da Heagod mechd. Und dea hod si des draud, das a hii is zan Pilatus und eam augaungan is um an Jesus sei Leich.
Da Pilatus hod zeaschd a bisl bled aus da Wesch gschaud und hod s ned glaum woen, das a scho umegschdauntn is, und weng den hod a si den Soedodnkapo heabschdöd und hod eam gfrogd, ob des woa is, das a scho a Bangl grissn hod.
Und wia r a daun ghead hod fo den Heipdling, das s ka Lug is, hod a in Joseph xogd, fo eam aus kau a si d Leich einaan.
Drauf hod si dea a boa Leidiachln zuaglegd, hod in Jesus owagnuman fon Greiz und hod eam eigwikld in de Fezzn; daun hod a eam in a Grufd in Fösn drin glegd und hod an muazdrum Schdaa fua n Eigaung groed.
Und d Maria aus Magdala und d aundare Maria, in Joses sei Mamsch, haum des oogneissd, wo r a n hiiglegd hod.

In da Grufd is a nimma drin, und wos da Engl sogd

Wia nocha da Schabbes fuabei woa, haum d Maria aus Magdala und d Maria, wos in Jakobus sei Mamsch woa, und d Salome de gaunzn Sochn eikaufd, wo ma d

und Salome Balsam, um hinzugehen und ihn zu salben.
Und sehr früh am ersten Wochentage kamen sie zum Grabe, als eben die Sonne aufging.
Sie sagten zueinander: „Wer wird uns den Stein vom Eingang des Grabes wegwälzen?“
Und wie sie aufblickten, sahen sie, daß der Stein weggewälzt war; er war nämlich sehr groß.
Und als sie in das Grab hineingingen, sahen sie einen Jüngling zur Rechten sitzen, bekleidet mit einem weißen Gewand, und sie erschraken.
Er aber sprach zu ihnen: „Erschrecket nicht! Ihr sucht Jesus, den Nazarener, den Gekreuzigten. Er ist auferweckt worden, er ist nicht hier. Seht da die Stelle, wo sie ihn hingelegt hatten.
Aber geht hin und sagt seinen Jüngern und dem Petrus: Er geht euch voran nach Galiläa. Dort werdet ihr ihn sehen, wie er euch gesagt hat.“
Da gingen sie hinaus und flohen vom Grabe weg. Denn Angst und Entsetzen hatte sie gepackt. Und sie sagten niemandem etwas, denn sie fürchteten sich.

Die Erscheinungen des Auferstandenen

MARKUS 16,9–14

Nach seiner Auferstehung, in der Frühe des ersten Wochentages, erschien er zuerst Maria

Leichn damid eischmiad, das s ned fafäun, und daun san s ausgridn, in Jesus hearichdn.
Und aum Sundog gaunz zeidlich in da Frua, wia s grod liachd wuan is, san s hiikuman zu dera Grufd.
Und ane hod d aundare gfrogd: „Wia soe ma n den Schdaa weggriang, dea wos dafua ligd?"
Wia s owa jezd genaua hiigschaud haum, haum s xäng, das dea Schdaa fuat is; dabei woa des a gaunz a schens Brekkal.
Und wia s nocha eine san in des Loch, haum s auf da rechdn Seitn an feschn jungan Buaschn in ana schnääweissn Bania sizzn xäng; jezd san eana uandlich d Grausbian aufgschdiing.
Owa dea hod eana zuagredt: „Duaz eich nix au, is ka Uasoch. Ia suachz in Jesus aus Nazaret, gö, den wos s aun an Greiz augnogld haum? Oesdan, dea is nimma doda, dea is wida lewentich wuan. Do, schauz hea, auf des Blazzl haum s eam heaglegd ghobd.
Owa jezd mochz, das s weidakumz, und dazööz in Petrus und den aundan Hawaran: Ea is eich furaus aufe noch Galiläa. Duat weaz eam dreffm, gaunz wia r a s eich faschbrochn hod."
Drauf san s ausse und san bäulesiad, wäu eana so d Muffm gaungan is, das s as grissn hod wia r an Lampeschwaaf. Und xogd haum s kan wos fo dera Gschichd, do haum s fü zfü Reis gschdraad dafua.

Wia r a si wida oesa Lewenticha auschaun lossd

Und noch den, das da Jesus wida aufgschdauntn is, hod a si zeaschd amoe bei da Maria aus Magdala

von Magdala, aus der er sieben Dämonen ausgetrieben hatte.
Die ging hin und verkündete es seinen trauernden und weinenden Gefährten.
Als diese aber hörten, daß er lebe und von ihr gesehen worden sei, glaubten sie es nicht.
Hierauf offenbarte er sich in anderer Gestalt zweien von ihnen auf dem Wege, während sie über Land gingen.
Auch diese gingen hin und verkündeten es den übrigen; aber auch denen glaubten sie es nicht.
Später offenbarte er sich den Elfen selbst, während sie zu Tische lagen, und schalt ihren Unglauben und die Härte ihrer Herzen, weil sie denen, die ihn als den Auferweckten gesehen, nicht geglaubt hatten.

JOHANNES 20, 24–27

Thomas aber, einer von den Zwölfen, Zwilling genannt, war nicht unter ihnen, als Jesus kam.
Die anderen Jünger sagten ihm nun: „Wir haben den Herrn gesehen.“ Er aber sprach zu ihnen: „Wenn ich nicht an seinen Händen das Mal der Nägel sehe und meinen Finger in das Mal der Nägel lege und meine Hand in seine Seite lege, so werde ich nimmermehr glauben.“
Und nach acht Tagen waren seine Jünger wiederum drinnen und Thomas unter ihnen. Da kommt Jesus bei verschlossenen Türen, trat in ihre Mitte und sagte: „Friede sei mit euch.“
Dann sagt er zu Thomas: „Tu deinen Finger

auschaun lossn, aus dea r a friia amoe sim Deifän ausgjaukd hod.
Und de is hii zu seine Schbäze – de woan gaunz batea und haum gread wia d Schloshund – und hod eana des gschüdad.
Owa de haum ia des ned oognuman, das a ä lewentich is und das s eam xäng hod.
Schbeda hod da Jesus in an aundan Aufzug zwa fo seine Schbäze augredt, dawäu s iwa a Wegal draussd aum Laund ghaadschd san, und ea hod eana xogd, wea r a is.
Und de san aa nix wia hii zu d aundan und haum s eana dazööd; owa de haum eana frisch ned glaubd.
Nu schbeda is a auf amoe fua seina gaunzn Blodan aufdauchd, wia s grod ole midanaunda bei n Hawan xessn san, und hod s zaumgschimpfd, wäu s so schdure Bek, so owagscheide woan und des ned glaubd haum, das a xäng wuan is.
Naujo, und daun woa nu da Thomas do, ana fo da Batii, zu den s Zwüling xogd haum, dea woa nemlich ned do, wia da Jesus eigridn is.
Wia den jezd de aundan Hawara gschüdad haum: „Mia haum in Scheef xäng", hod a gmaand: „Des kenz da Kaaswawal unta Wossa dazöön; waun i ned de Hokka fo d Negln in seine Brozn siach und ned den Fora auf da Seitn mid meine eiganan Gläwän gschbia, nim i eich des ned oo."
Und ochd Dog drauf woan de Hawara wida beinaunda, und da Thomas woa desmoe aa dabei. Und auf amoe, aa waun ole Dian bumfesd zua woan, is da Jesus kuma, hod si mittn unta eana hiigschdöd und hod xogd:
„Griass eich, oes leiwaund!"
Daun is a in Thomas zuwegschdiing: „Oesdan, growe mi

hierher und sieh meine Hände an, und tu deine Hand her und lege sie in meine Seite, und sei nicht ungläubig, sondern gläubig."

MARKUS 16, 15–20

Und er sprach zu ihnen: „Gehet hin in alle Welt und verkündet die Heilsbotschaft allen Geschöpfen.
Wer glaubt und sich taufen läßt, wird gerettet werden. Wer aber nicht glaubt, wird verdammt werden.
Denen aber, die glauben, werden diese Zeichen folgen: In meinem Namen werden sie Dämonen austreiben, in neuen Zungen reden,
Schlangen aufheben, und wenn sie etwas Todbringendes getrunken haben, wird es ihnen nicht schaden. Kranken werden sie die Hände auflegen, und sie werden gesund werden."
Nachdem der Herr Jesus zu ihnen gesprochen hatte, wurde er hinaufgenommen in den Himmel und setzte sich zur Rechten Gottes.
Jene aber zogen hinaus und predigten überall, und der Herr wirkte mit ihnen und bestätigte das Wort durch die begleitenden Zeichen.

oo und schau da meine Brozn au, und browia mid deine Gläwän den Fora do auf da Seitn, und daun sei ka so a Zweifescheissa, heasd, glaum muasd!"
Und daun hod a xogd: „Reiz aus und schauz, das s bei ole Leid iwaroe auf da gaunzn Wöd d Aansabosd schüdan daz.
Und wea s glaubd und si daufm lossd, dea is aus n Schneida. Owa wea s ned glaubd, dea kumd in d Wiaschd.
Und de, de wos bumfesd drau glaum, de wean ole meglichn Kunsdschdikln zaumbringan: Deifän wean s ausjaukn in mein Aufdrog, und auf Lufd aufe wean s wüdfremde Schbrochn redn kenan.
Mid Schlaungan wean sa si schbün, wia waun s Reengwiama waan, und waun s iangd a fagifz Gschloda ausxoffm haum, wiad s eana nix mochn. Und denan, de marod san, wean s d Hend aufeduan, und auf de Dua wean s as bumpalxund mochn."
Wia si da Jesus dera Oat ausgredt ghobd hod, is a aufeghoed wuan in Hime und hod si oom hiixezzd auf d rechde Seitn fon Heagod.
Und seine Schbäze haum si d Schuach gschmiad und haum iwaroe gschüdad, wia des oes is und woa und sei wiad, und da Heagod hod eana ghoefm dabei, indem das a mid ole meglichn Deita fo da Hää owa zaagd hod, das des woa is, wos s dazöön.

Wolfgang Teuschl

Chronik eines kontroversiellen Buches

Es muß rund um das vierundsechziger Jahr gewesen sein, in einem Gespräch über die Einführung der Landessprache in der Kirche. Meinung eines Diskussionspartners (mittlerweile wohlbestallter Pfarrer): Unfug. Meine Gegenmeinung: Richtig, richtig, denn das ritualisierte Kirchendeutsch fließt genauso gebetsmühlenartig vorbei wie das rituelle Latein; wenn schon Landessprache, dann die tatsächliche Landessprache: Dialekt, zumal doch Jesus selbst auch . . . usw.

Etwas von dieser Diskussion war bei mir hängengeblieben, und so begann ich eines Tages im Jahr 1969, als die Langeweile in einer Kanzlei des österreichischen Bundesheeres erdrückend war, ein paar Kapitel des Markus-Evangeliums in dieser Richtung auszuprobieren.

> *Da bekannt wurde, daß besagter Teuschl diese epochemachende „Bibelübersetzung" in jenen Mußestunden verfaßte, die ihm der Drill beim Bundesheer ließ, hatte die Sache doch etwas Gutes. Die Rauriser sind nun überzeugter denn je, daß das Bundesheer reformiert und die Leerläufe ausgeschaltet werden müßten.*
>
> *(Salzburger Volksblatt, 19. 2. 1971)*

Das Ergebnis meiner ersten Bemühungen las ich höchst erfolgreich auf einem Fest bei einer guten Freundin vor; diese wiederum war mit Hans Weigel gut bekannt, der sich bereit erklärte, sich's anzuhören, wider (eigenes und mein) Erwarten angetan war und Förderung zusagte.

Zunächst wollte kein Verlag anbeißen: Das Projekt bewegte sich zu sehr außerhalb der üblichen literarischen Geleise. Aber nachdem Hans Weigel mich in das Programm der ersten Rauriser Literaturtage eingeschleust hatte, begannen die Mechanismen des publizistischen Betriebs einzuklinken.

Und es begab sich, daß eine komplette „Musicbox"-Sendung von Ö 3 – noch dazu an einem Feiertag – meinem Projekt gewidmet wurde. Kopien der ersten Hörerzuschriften ließ mir die Redaktion zukommen. Nach dem ersten Wäschekorb voll gab sie's allerdings auf.

Weitere Sendungen folgten selbstverständlich. Ebenso selbstverständlich eine – ergebnislose – Aufsichtsbeschwerde beim Kuratorium des ORF.

Potentielle Leser fragten zu Hunderten nach dem noch nicht vorhandenen Buch. Rückkopplung: es fand sich endlich ein interessierter Verlag, der Salzburger Residenz-Verlag. Das Buch erschien, erreichte binnen dreier Monate drei Auflagen und verdrängte auf der Weihnachts-Bestsellerliste des „profil" Johannes Mario Simmel auf Platz zwei. Ein Genuß.

Eine Zeit der öffentlichen Diskussionen folgt.
Das Interessanteste beginnt sich abzuzeichnen: das Mißverhältnis zwischen den Kontroversen um das Buch und der Anzahl jener, die es gelesen haben.

Jesus, den Sohn Gottes, in Beißerjargon reden zu lassen, ist eine durch nichts zu rechtfertigende Respektlosigkeit, eine Herabsetzung der religiösen Würde. Von geistigem Sinn und Zweck findet man weit und breit keine Spur.
(Norbert Tschulik in der Wiener Zeitung, 27. 11. 1971)

Das Buch ist sicher ein Spaß für Dialektliebhaber, doch sollte die „Heilige Schrift" dafür zu schade sein. Dialekt im Zusammenhang mit der Bibel ist hier bloß Masche, und Maschen sind bekanntlich hohl.

(Amt und Gemeinde, April 1972)

So hat seit Luther kaum einer mehr dem Volk aufs Maul geschaut. Hier wird, mit der Radikalität des Bilderstürmers, mit jener pathetisch-salbungsvollen Sprache aufgeräumt, in der uns die „Frohbotschaft" überliefert ist.
(Dietmar Grieser in der Frankfurter Rundschau, 5. 3. 1971)

Allein die Tatsache, daß man diese Übersetzung nicht ignorieren kann, daß man zu ihr Stellung beziehen muß – zustimmend oder ablehnend – muß als positiv gewertet werden und sollte eine Herausforderung an die Verkündiger des Wortes Gottes bedeuten.
(Österr. Klerusblatt, Juni 1972)

Kommt ein Mann in eine Buchhandlung am Graben in Wien und fragt: „Hören Sie, Sie haben da ein neues Jesus-Buch in der Auslage, das sensationell sein soll – nur sagen Sie mir bitte: Was für ein Volksstamm sind eigentlich die Hawára?" (Verbürgt.)

Zwei andere Buchhandlungen (keine Namen – sapienti sat), bekannt dafür, in Landser- und heimattreuer Literatur besonders gut sortiert zu sein, weigern sich, mein „Machwerk" zu führen.

Eine Wiedergabe etwa des Wortes Gleichnis durch „Schmäh" oder des Beginnes der Seligpreisungen durch „Leiwaund" läßt sich beim besten Willen weder unter einen philologischen noch gar unter einen theologischen Hut bringen.
Was allerdings am meisten verkrampft und damit auch verfälschend wirkt, ist der Versuch, aus dem historischen Jesus einen Freund von Ganoven und Zuhältern und aus der Buß- und Vergebungspredigt ein sozialrevolutionäres frühkommunistisches Manifest zu machen.

(Wochenpresse, 15. 12. 1971)

Das eigentlich Charakteristische des „Schmää" ist der Verblüffungseffekt, und von daher kommt doch eine wesentliche Wirkung der Gleichnisse ins Blickfeld. Wenn vorhin vom Schmunzeln die Rede war: Dieses Schmunzeln kehrt bei der Lektüre des „Wiener Evangeliums" immer wieder; aber das hat nirgends etwas mit Blasphemie zu tun . . .
Daß hinter der erheiternden Verblüffung durch die Sprache keine Parodie, sondern ein überzeugender Ernst steht, zeigt sich in der Passionsgeschichte.
(Die evangelische Diaspora, Jahrbuch 1973)

Kardinal König weigert sich, eine offizielle Stellungnahme abzugeben – er möchte keine neuerlichen Kontroversen wie im Fall Holl („Jesus in schlechter Gesellschaft") provozieren.

Die Erzdiözese Wien organisiert eine öffentliche Diskussion über mein Buch, für die sie sogar Eintritt verlangt. Mich lädt die Erzdiözese dazu nicht ein.

Auf einer Lesung in Floridsdorf moniert ein gebildeter Herr, meine Art von Dialekt spreche kein Mensch. Daraufhin steht ein anderer, weit weniger gebildeter, auf und sagt: „I bin ja erscht seit 25 Jahr am Bau, aber bei uns redt ma so. Und i war seit 25 Jahr in kaner Kirchen – aber jetzt geh i vielleicht wieder amal eini."

Diskussion im Katholischen Akademikerverband. Ein alter Theologieprofessor ereifert sich bis zum Rande des Herzinfarkts über meine Blasphemien. Als er endlich, atembedingt, eine Pause macht, frage ich ihn sanft: „Kennen Sie übrigens das Gleichnis vom Zöllner und vom Pharisäer?" Drauf er, noch völlig in der Rage: „Nein!!"

Es war ein Pfarrer vom Lande, der wetterte von der Kanzel wider mein Buch und verhieß allen, die des Abends zu meiner Lesung gehen würden, das ewige Höllenfeuer.
Die Lesung war danach gesteckt voll. Vergelt's Gott, Hochwürden.

Im Stift Kremsmünster erklären die Patres das Buch zur Pflichtlektüre für die Oberstufe.

Dieses Buch wirft aber doch eine Reihe von Fragen auf, etwa die, ob Jesus, Maria und Josef wirklich so g'scheert geredet haben, wie hier vorgeteuschl-t wird, ob sie wirklich den ordinärsten Dialekt ihrer Zeit gesprochen haben. Ordinäre Sprache stößt ab, auch vor allem im Munde Jesu. Zumal dieser Wiener Beißerdialekt ja nicht bloß ein Dialekt ist, sondern mehr: Ausdruck einer nihilistischen Weltanschauung.

(St. Pöltner Kirchenzeitung, 31. 10. 1971)

Eine Möglichkeit zur Sprengung des sprachlichen Klischeepanzers in einem Akt schöpferischer Deformation ist die „Verfremdung", die informationstheoretisch als signifikante Normalabweichung interpretiert werden kann. Sie setzt voraus, daß sich der Schriftsteller als kritischer Konstrukteur begreift, als Homo faber. Hier ist wohl Teuschls „Übersetzung" einzuordnen, eine linguistisch übrigens hervorragende Leistung.

(Univ. Prof. Dr. Wolfgang Pollak in Die Presse, 8. 1. 1972)

Über Nacht geriet ich in den Strudel der Prominenz-Maschinerie. Ob ich denn auch verheiratet sei, fragte man mich, und ob ich mich zum Establishment zählte und was ich von der Korrelation zwischen Moral und Zwetschkenessen hielte und ob ich nicht zur Eröffnung der neuesten Discothek kommen wolle.

Weinend lief ich in den Wald. – Dort traf ich den Literaten Hans Flesch-Brunningen . . .

Teuschls unverkennbare Zunge habe ich bereits bei der unheiligen Messe in Frankfurt von weitem ordinär erschallen gehört . . .
Pülcherisch und Jesuswelle paaren sich. „Blasphemie" ist nicht das Wort. Schande? Ich muß hier leider doch Kraus zitieren, bei dem einmal steht: Weinend lief ich in den Wald!

(Hans Flesch-Brunningen in Die Presse, 3. 12. 1971)

Aus dem Vorwort zur ersten Auflage (1971):

Hier ist ernsthaft und an einer unerwartet großen Zahl von Stellen zweifellos in gelungener Weise das Evangelium zum unmittelbaren Reden gebracht. Die Übertragung als ganze zeigt gerade durch ihren Verfremdungseffekt, wie fragwürdig und offenbar gegen die Absichten des historischen Jesus die Vereinnahme seiner Worte und der Berichte über ihn – diesen „Fresser und Weinsäufer, Freund von Zöllnern und Sündern" (Matthäus 11,19) – in wohlstilisierte, formelhafte und antiquierte Sprache ist.
Dieser Versuch zeigt das Bemühen, weder nachzuerzählen noch zu interpretieren – obwohl beides bisweilen geschieht. Die Verfremdung als solche zwingt zum Mitdenken, zum Stellungnehmen. Auch von daher ist es typisch, daß der Ton auf dem Klarstellen des unmittelbar einleuchtenden, sittlichen Willens Jesu liegt. Wer unmittelbar von Jesus reden möchte, kann das an diesem Buch erproben und lernen.

(Dr. Wolfgang Beilner, Universitätsprofessor für Neutestamentliche Bibelwissenschaft)

Was es sonst noch gab:
Zahllose Lesungen in Schulen und Buchhandlungen, in Stadthallen und im Freien, in religiösen und antireligiösen Zirkeln;
eine Langspielplatte, besprochen von Kurt Sowinetz;
bis auf den letzten Platz gefüllte Lesungen von Helmut Qualtinger im Wiener Konzerthaus;
eine geplante Dramatisierung für ein Freiluftfestival – bis die zuständigen Stadtväter der Mut verließ;

und sogar eine germanistische Seminararbeit; und . . .

Teuschls Buch ist sehr umstritten. Die sprachliche Qualität – von Kleinigkeiten abgesehen – ist unangreifbar. Die Tatsache, daß sich der Autor an den geheiligten Text der Bibel mit einer Sprache herangemacht hat, die alles andere als erhaben ist, wird ihm von vielen übel genommen. Wer das Buch aufmerksam liest, wird aber wohl erkennen, daß keinesfalls eine Verhöhnung des Heiligen beabsichtigt war. Sicherlich sind viele Leser durch die aufpeitschende Wirkung des selten geschriebenen oder dichterisch verwendeten Pülcherjargons in ein neues Verhältnis zur Heilsgeschichte gekommen. Dem Autor ging es wohl nicht darum, sondern letztlich um das „Sprachabenteuer": er wollte erproben, wie weit die Aussagekraft der sonst nur der alltäglichen Verständigung unterster Sozialschichten dienenden Pülchersprache reicht. (Univ. Prof. Dr. Maria Hornung, Ordinarius für Germanistik an der Universität Wien, Spezialgebiet Dialektologie)

Und einer der häufigsten Sätze, mit denen ich zu dieser Zeit konfrontiert wurde, war: „Sie sind ein viel besserer Christ, als Sie selber wissen . . ."

Kleines Dialektlexikon

Worterklärungen zum Buch

A

Aansa *(in Zusammensetzungen)*	(mit vielen Substantiven verbindbares Steigerungswort, etwa:) Super-
Aansabania	Sonntagsstaat
Aaschichd	Einöde, Einsamkeit
si aubaumpfm	sich sattessen, schlemmen
Aubumpara	Angeber; Windbeutel
audaamen	(herbei)kommen
ane audauchn	eine Frau beschlafen
audaunzn	(daher)kommen
audiandln	(be)kleiden
audiniad	verdrossen, ärgerlich
audraan	Streit beginnen
audridschgad	geistesgestört
auf wos audrukkn	etwas anstreben
si nix auduan	Ruhe bewahren; sich nicht allzusehr bemühen
aufäun	beschimpfen; Vorhaltungen machen
si aufbu'ln	sich aufspielen
aufdraan	(auch:) heftig werden; polemisieren
an wem aufehussn	jemanden auf jemanden hetzen
mid wem wos auffian	mit jemanden etwas tun, unternehmen
aufgräun	aufstehen
si wem aufreissn	jemandes Freundschaft oder Liebe gewinnen; jemandes Bekanntschaft machen
Aufschdos	Streit, Krawall
wem um wos augee	jemanden um etwas bitten; verlangen
wem auglaand *lossn*	jemanden verlassen, alleinlassen; sich nicht länger um ihn kümmern
augnoschd	verärgert
wem (um wos) auhaun	jemanden bitten, ansprechen, behelligen
Äuk	Alkohol
aupfnausn	anfahren, Vorwürfe machen
si an Auraund *neman*	sich aufraffen; beginnen; Mut fassen
si aurealn	sich betrinken
si wos auschaun *(woen)*	skeptisch sein, Beweise fordern

wem auschbringan	jemanden angreifen, heftig anfahren
auschlempan	sich satttrinken (mit Wasser und alkoholfreien Getränken); (mit Flüssigkeit) bis zum Rand füllen
ausdiwidian	eine Erklärung versuchen; klarlegen
ausempan	jemandem in den Ohren liegen; bitten
ausfraadschln	ausfragen
wos auslossn	(auch:) etwas spenden, geben; großzügig sein
ausreidn	sich auf die Beine machen
wem ausrichdn	jemandem Schlechtes nachsagen; klatschen
si aussasäng	Bescheid wissen; zu Rande kommen; Erfolg haben; keine Not leiden
aussascheim	aussprechen (meist von unfreiwillig klugen Dingen)
ausschdalian	bekritteln
ausschidn	(auch:) gebären
ausschnopsn	verabreden, übereinkommen
si ausschüdan	sich etwas vom Herzen reden
auzaan	(auch:) (aus etwas) trinken, einen herzhaften Schluck machen
auzipfm	schelten; schikanieren

B

Baa	(auch:) Hure; (im weiteren Sinn:) liederliches Frauenzimmer
an Baam *aufschdön*	trotzen; sich widersetzen
Baana	Knochen, Gebeine; (im weiteren Sinn:) Körper
Baanahenxd	sehr magerer Mensch
si baazn	sich suhlen, sich räkeln
Bahöö	Auflauf, Gedränge, Durcheinander, Krawall
si (mid wem) auf a Bakl *zaumhaun*	sich eng an jemanden anschließen; mit jemandem eine Gruppe bilden
Baklrass	Gesindel; Sippschaft
Balawadsch	Unordnung, Kuddelmuddel
a Bangl *reissn*	sterben
Bania	Kleidung; Panade
Bantschal	Techtelmechtel
nimma bap *song kenan*	satt sein bis obenhin
Bapadual	Geistesgestörter, Schwachsinniger
Bapm	Mund
Bappal	Essen
Bapsch	Vater
Barawara	Arbeiter
Batii	Freundeskreis; Gruppe; Gemeinschaft
si aum Bauch *haun*	(im übertragenen Sinn:) sich

	untertänig nähern
bäule	fort, weg, verschwunden
bäulesian	verschwinden; das Weite suchen
Baumpalädsch	Kind
baumpfm	essen
Baums	Kind
Bauxal	(kleines) Kind
bedakln	betrügen
Bedigrää	Vorstrafenregister
bediind	krank; in übler Lage
beegln	wieder in Ordnung bringen, ungeschehen machen
nodicha Bei'l	(Schimpfwort, etwa:) Geizhals, Krämerseele
Beischl *mid Kne'l*	Gericht aus Lunge und Herz mit Klößen
Bek (*auch* Bok)	Schuhe
s haud an aus d Bek	über alle Maßen erstaunt, überwältigt sein
Beka	Spleen, Tick; Geisteskrankheit
an Beka *mochn*	mit etwas Erfolg haben
beknozn	jemandem in den Ohren liegen
si ins Bendl *haun*	sich erhängen
benzn	bitten, betteln
bianan	(ver)prügeln
biaschdln	trinken (von alkoholischen Getränken)
Bifkinäsien	(Nord- und Mittel-)Deutschland
Biidschn	großes, plumpes (meist irdenes) Gefäß
an Bik *auf wem haum*	jemanden nicht leiden können
bikkn *bleim*	(auch:) (da)bleiben; sich nicht loßreißen können
Binkl	Bündel; Kellner
bizlad	pedantisch, pingelig; kleinlich
blaazn	weinen
bla'lfoe	voll bis zum Rand (von Flüssigkeit)
blanian	(Schwierigkeiten) aus der Welt schaffen
Blasius	Wind
bleedan	knattern; (im weiteren Sinn:) etwas tun, das knatternde Geräusche erzeugt
Bleedschn	großes Blatt; Grünzeug; flaches, formloses Etwas
Blera	Münzeinheit; Schrei
in d Blia *gee*	entkommen; fliehen; verschwinden
Blodan	(auch:) Gruppe; Bande; Gemeinschaft, Clique
Blosfiassige	Angehörige unterentwickelter Völker
blunzn	gleichgültig
an Boad *schleifm*	grollen

d Bodschn *schdrekn*	sterben
Bodschnkino	Fernsehen
Bodwaschl	Badeschwamm; Bademeister
Bok	Schuh; Bock
aum Bok *rotian*	kehrtmachen
bokn	bewältigen; ertragen; begreifen
das oes boschd	(Umschreibung für:) großartig, effektvoll
Bosd	(auch:) Nachricht, Botschaft
bowi'l	egal
bozzn	groß, riesig
a brada *Weg*	weiter Weg
brandln	(auch:) kritisch sein, kriseln
brausn *gee kenan*	mit etwas keinen Erfolg haben, keinen Hund hinter dem Ofen hervorlocken können
brenan	(auch:) bezahlen
a Brezn *reissn*	niederfallen (von Menschen)
bridschln	plätschern; planschen; in Strömen regnen
Brigl	Prügel; kräftiger Mensch
Brinnaschdrassla	(fälschlich) als Prototyp des Krätzers angesehener Wein aus dem Norden von Wien
brokn	pflücken
Brüla	Edelstein; Schmuckstück
aus Bschdem	aus Trotz; erst recht
bsodld	kräftig; wohlhabend; wohlversehen mit etwas
a Buasch *sei*	ein guter Mensch, Kamerad sein
Bugl	(auch:) Leibwächter, Beschützer
Bu'l	Verkaufstisch, Schank
si a Bü'l *eileeng*	sich bei jemandem in ein gutes Licht setzen
bumpalxund	kerngesund
bum- *(in Zusammensetzungen)*	sehr
busarian	stoßen; drängen, bedrängen
büsln	schlafen; dösen
in Butta *gee*	flüchten
Büücha	Rowdy, Taugenichts
Buzzal	Baby

D

wem mi n Dää *aulaan*	belügen; jemanden für dumm verkaufen wollen
si dafaungan	sich fangen, sich erholen; über das Ärgste hinweg sein
dafoozaan	verschleppen; wegtragen; stehlen
daheagräun	kommen
auf da Dakn *liing*	krank sein
mia hengd da Dalles *aus*	ich bin pleite
Dandla	Händler

Danz	zweifelhafte Aktionen; Getue, Unfug
darennan	erwischen; ertappen
s darennd *an*	verunglücken (auch tödlich); ereilt werden (von Mißgeschicken)
daschbeanzln	erblicken
daschbechdln	erblicken
si daschdessn	zu Fall kommen, verunglücken; einen Auflauf bilden
Däule	Gruppe; Beute
aum Daumpfa *foan*	keinen Erfolg haben; keine Chance haben
auf dausnd	sehr
dawäu	vorläufig, einstweilen; doch, vielmehr
dazuaschaun	sich bemühen; sich beeilen
dearisch	taub
zwex Deata	zum Spaß
si an blaun Deife *um wos schean*	sich keinen Deut darum kümmern
Deita	Zeichen; Stoß
ane iwa n Dekl *geem*	Vorwürfe machen; etwas verweisen
depad	dumm, einfältig
wia r a augmolana Diak	starr, reglos; sprachlos
doda	hier
Dodsch	Fehler, Ungeschicklichkeit
draamhapad	träumerisch; verschlafen; geistesabwesend
Dragl	Tragbahre
dreamsln	(hinein)stecken (meist mit Gewalt)
Dreegantn	Schmutzfink
Drenzaling	Speichel
drischakn	quälen; schlagen
driwa	darüber; unzurechnungsfähig
wem s Drottoaa *blanian*	jemandes Wege ebnen
drum	groß
duachdraan	die Beherrschung verlieren, zornig werden
si dummen	sich beeilen

E

iwa sim Schaffän Eabsn *fawaundt*	entfernt verwandt
wem eibrodn	ködern; herumkriegen, überreden; sich bei jemandem einschmeicheln
eidäun	beauftragen; in Atem halten (durch Befehle); einteilen
eidüwen	einbrechen (im kriminellen Sinn)
eifadschn	bandagieren
eifoan	keinen Erfolg haben
eigee	absterben; scheitern
wem eikochn	sich jemanden gefügig machen
eileffen	beerdigen
si eimagarian *lossn*	sich etwas an den Hut stecken können, sich mit

	etwas lächerlich machen
einaan	dingfest machen
si wos einaan	sich etwas aneignen
einedraan	angeben; jemanden in Schwierigkeiten bringen
Einedraararei	Scharlatanerie, Angeberei
einegräun	(auch:) hineingehen
si eineraunzn	sich bei jemandem beliebt machen, einschmeicheln
s wem einesong	jemandem die Meinung sagen, kein Blatt vor den Mund nehmen
eireidn	kommen, eintreffen
eischaun	scheitern; zu kurz kommen
eischneidn, eiweafm	essen
Eiwuaf	Mahlzeit
a Ek *haum*	am Ende des Zulässigen, des Möglichen angelangt sein
entrisch	unheimlich

F

Faam	Schaum
faglopfm	verkaufen
si fagogln	sich versprechen; sich irren
fahawad	befreundet
fajankan	etwas verlegen; verschleudern
wem ned fakiifen *kenan*	jemanden nicht leiden können
fanaadan	verraten, ausliefern
si faroen	fortgehen, den Rückzug antreten
faschewan	verkaufen
fäun	(auch:) sich ärgern; schimpfen; grollen
fawamsn	verraten
fawoadagld	verunstaltet
fazindn	verraten
feantschgan	schneiden (mit stumpfem Messer); trennen
Fechda	Bettler
Fedan *haum*	sich ängstigen
Fezzn	Lappen; Rausch
Fia'l	Viertelliter Wein; (im weiteren Sinn:) das nötige Quantum
wia eigschlofane Fiass *schmekn*	nach nichts schmecken
Fiisch	Fehler
in a Fiischhale *umbudan*	in etwas Alltägliches oder Verächtliches verwandeln (von Räumen und Bauten)
fladan	stehlen
Flamoo	Hunger
Flankal	Stäubchen, Fusselchen
da Floki	Haushund, Schoßhund
an Fooz *zaan*	einen Flunsch ziehen, schmollen
in Fooz *hengan lossn*	betrübt sein; die Hoffnung aufgeben
Fora	Kratzer, Verletzung

föwan	schreiben
fraunk	wirklich; anständig
Fraunkisd	ordentlicher, anständiger Mensch
frischgflakd	neuernannt, neu in irgendeiner Stellung
fuatschdampan	wegschicken, verjagen

G

Gaadsch	Kot, Schlamm
hupf in Gaadsch *und schlog Wöön*	verzieh dich!
gach	jäh
an Gachn *griang*	zornig werden
gamsig	lüstern, geil
wem d Gas *oodraan*	ein Ende setzen; jemandes weitere Tätigkeit unterbinden
Gaudää	Spaß, Vergnügen
des is ned mei Gaugau	das geht mich nichts an
aufgee wia r a Geamdaag	sich aufblähen, stark wachsen
gfäud	faulig; schlecht; unredlich
gfööd sei	das Verkehrte sein, schlecht sein
Gfrassd	(Schimpfwort, etwa:) boshafter Mensch
wos scho gfressn *haum*	nicht ausstehen können
Gfret	Unannehmlichkeit, Schwierigkeit
Gfriis	Gesicht; Taugenichts
in da Ghaam	heimlich; in aller Stille; abseits
Gheadsi	der gute Ton, Anstand
s Glapal *gäd an*	man fürchtet sich
glass	gut
Gläwän	Finger
gläzln	ablösen, fingern, hervorkratzen
gleenan	schmieren, verstreichen
gleschn	mit schallendem Geräusch schlagen; knallen
Glosscheambongo	Brillenträger
Gluan	Augen
gluan	blicken
Glumpad	Zeug
Glunsn	Ritz, Loch, Riß
wem aum Gnak *haum*	von jemandem belästigt werden
wos haud an ins Gnak	sich durch etwas verraten; etwas überkommt einen
Gneissa	jemand, der sich auskennt
gneissn	begreifen, durchschauen
s Godal *grozzn*	schmeicheln, schöntun
godichkeid	das heißt
gogazn	gackern; stottern
goschad	großmäulig
Goschn	Mund
wem a Goschn *auhengan*	mit jemandem Streit beginnen, jemandem die Meinung sagen
si iwa wem d Goschn *zreissn*	über jemanden herziehen

wem in sei Gossn *kuman*	in jemandes Fänge geraten
in Graas *gee*	mit etwas nicht zu Rande kommen; nervös sein
Graffeweach	Zeug, Sachen
grammen	knirschen
Gramure	Kram, (wertlose) persönliche Habe
Grand	Ärger, Groll; üble Laune
in Graud *lossn*	in Ruhe lassen
Graumbf	(auch:) Unannehmlichkeit, Schwierigkeit
gräun	gehen, kommen (in Zusammensetzungen); kriechen
d Grausbian *schdeing an auf*	von Grauen beschlichen werden
gräwa	ziemlich groß
Grawäu	Lärm
graxln	kritzeln; klettern
Greane	Missetat; Vergehen, Verbrechen; Betrug
Grezzl	Gruppe, Grüppchen; Ortsteil
Griachal	Kriechenpflaume
in Griag *schikn*	mit etwas Schwierigem beauftragen; aussenden
Griagl	Krügel, großes (Bier-)Glas
Gripegschbü	zerbrechliches Zeug; gebrechliche Person
grochn	finanziell zusammenbrechen
Grood	Kröte
wia r a zbrakde Grood	flach ausgestreckt; am Boden zerstört
a Grood *fressn*	in den sauren Apfel beißen
Groskopfada	wichtige Persönlichkeit (abwertend)
Gruam	(auch:) Grab
Grund	(auch:) Bezirk; Region (meist die heimatliche)
mi n gaunzn Gschäfd	sehr; mit aller Kraft
Gschafdlhuawarei	(unnütze) Betriebsamkeit
Gschamstara	Freund
gschbaunan	begreifen; durchschauen, dahinterkommen
Gschdetn	Schutthalde; ungepflegtes Stück Land
wem in Gschdis *geem*	jemanden fortweisen; die Beziehungen zu jemandem abbrechen
Gschdö	(auch:) Skelett, Körperbau; (im weiteren Sinn:) Körper
gschdopfd	wohlhabend
Gschea	Sorgen
Gscheada	Bauer, Provinzler
Gschichd	Angelegenheit, Sache; großartige Sache
d Gschichd	Menstruationsblutung
Gschloda	zweifelhafte Flüssigkeit,

	unappetitliches Getränk
Gschropp	Kind; kleiner Mensch
ka Guada	schlechter, böser Mensch; Gauner
in Hean Gud *schbün*	sich aufspielen, einen Supermann spielen
Gumpoeds	Gumpoldskirchner, süffiger Wein aus dem Süden Wiens, als besondere Qualitätsmarke angesehen
gusch!	schweig!
gwisigwasi	sozusagen
des hod si gwoschn	das ist nicht von schlechten Eltern

H

Hää	Polizei; Behörden; höhere Stellen
Haadschada	Hinkender; (im weiteren Sinn:) Krüppel
haadschn	gehen; hinken
si haambressn	heimgehen
haamdraan	töten
haas *gee*	in Zorn geraten
wia r a Haftlmocha	peinlich genau, wie ein Schießhund
wem s Hakkl *ins Greiz haun*	jemandem hinterrücks etwas Böses antun; jemanden zu Fall bringen (metaphorisch); verleumden
Hakkla	Arbeiter
Hapfm	Bett
hapm	springen; stehlen
Happe	(auch:) Kopf
Haschal	(auch:) Kind
wos mid wem haum	mit jemandem ein Verhältnis haben, intim sein
mid wem sein Schmää hausian *gee*	jemandes Erkenntnisse verbreiten; sich mit fremden Federn schmücken
hawan	essen
Hawara	Freund; Mann, Mensch; Bekannter
si an Haxn *ausreissn*	sich sehr bemühen, sein möglichstes tun
wem s Haxl *schdön*	jemanden zu Fall bringen (auch im übertragenen Sinn)
heabei'ln	herbeibringen, -schaffen, aneignen, habhaft werden, dingfest machen
heawachln	herbeiwinken
Heefm	Topf; Gefängnis
Heefmbruada	Ganove
Heefmschdikl	Vergehen, Verbrechen; Missetat; böse Tat
Heiricha	junger Wein
heiricha *Hos*	Neuling, blutiger Anfänger, Uneingeweihter
Hiaf	Füße
Hianädal	(Schmähwort, etwa:) Dummkopf, Tölpel
hii	tot; kaputt

hinich	(auch:) kaputt; halbtot
hintafozig	heimtückisch
hochweis	ohne Not; gut angeschrieben
auf wem/wos hoedn	jemanden/etwas schätzen, in Ehren halten
hoetaus!	Moment! nicht doch!
hoewad	halb; täppisch, ungeschickt; lächerlich
si an Hoezfuas *lochn*	sich schief lachen; vergnügt sein
Hokkn	Arbeit; Axt
Hola	Holunder; Unsinn
ka lukada Höla	kein Pfennig
wem aum Hönara *haum*	verspotten, verhöhnen
hop *oda drop*	entweder-oder, so oder so (in betonter Stellung)
hopadadschig	überheblich, großspurig, aufgeblasen
Hotwolää	bessere Gesellschaft
s Hözl *schmeissn*	einen Tip geben
da Huad *brend*	in Bedrängnis sein
in Huad *auf wos haun*	auf etwas pfeifen, etwas aufgeben
fia n Hugo	unnütz
an bugladn Hund *haassn*	beschimpfen
wo di Hund *mi n Oasch böön*	weit vom Schuß
ka Hund	niemand
Hundsfuada	(Schmähwort, etwa:) schlechter Mensch
ole Hundsminutn	alle Augenblicke, immer wieder
hussn	hetzen

I

Iaxn	Achsel; Schulter
I-Dipfal-Reida	Pedant
iwadauchn	überstehen, durchstehen, durchhalten
iwanosan	begreifen, erkennen, durchschauen
iwareissn	begreifen
iwaringln	durchschauen

J

Jass	Koryphäe (oft abwertend)
jassisch	großspurig, selbstgefällig
jaukn	jagen, scheuchen
jeian	jammern
fia d Jettidant	für die Katz
iwa jo *und naa*	unversehens; binnen kurzem
Joschi	(auch:) Mantel, Überrock, Umhang

K

Käda	Brot
gschneizd und kamped	geschniegelt und gebügelt, aus dem Ei gepellt
Kapazunda	Koryphäe
Kapo	Anführer, Chef, Oberster

Kapsgudscha	Lastkutscher
des kausd da Kaswawal *unta Wossa dazöön*	das glaube ich dir nicht
Käula	Handlungsreisender
käwän	keifen, zanken
d Käx *kuman an*	verblüfft sein, staunen
es grochd di Keisasemme	man ist pleite
kiifen	knabbern, beißen, kauen
Kilo	(auch:) hundert Schilling
Kne'l *in Mäu*	Kloß im Halse; Sprachfehler
knozn	sitzen, hocken
kodich	schuldend, in der Kreide
Koloniakiwe	Mülltonne
Kööch	(auch:) Streit, Auseinandersetzung; Wirsingkohl
Kowara	Wirt, Cafétier, Herbergsvater
auf und da Kua *noch!*	vorwärts!
an Kuazn *reissn*	einen Kurzschluß verursachen

L

laanan	stehen (meist untätig)
Lakkal	kleine Menge einer Flüssigkeit; Neige (Wein)
Lampe	Schaf
wia r a Lampeschwaaf	wie Espenlaub
leichd	(auch:) etwa, vielleicht
a Leiwal *reissn*	Erfolg haben, mit etwas durchkommen
leiwaund	gut
a schene Leng	eine ganze Menge
Lifdla	Sprung
Linke	Missetat; Verbrechen; Betrug
d Lod *foed an owe*	verblüfft sein
guada Lodsch	gutmütiger Kerl
waun ned, . . . haas i Ludschga	so wahr ich hier stehe
auf Lufd	aus heiterem Himmel; ohne erkennbare Ursache

M

Maasl	Glück
Mamsch	Mutter
wia s Mandl *fua n Schdeaz*	ratlos, belämmert
Mandln *mochn*	(auch:) Schwierigkeiten machen; aufbegehren
Marii	Geld
Marün	Kopf; Aprikose
hii in da Marün	dumm; geistesgestört
fo da Maschekseitn	von hintenherum, von der verkehrten Seite
Mäta *mochn*	sich schleunigst entfernen
kan Mau *mochn*	keinen Laut von sich geben
maukas	tot
mäuschdaad	stumm; sprachlos; schweigsam
Menaasch	Proviant

Mensch, Mentschal	Mädchen
aum Moakd *haun*	unter die Leute bringen; verteilen
Mochatschek	Leiter, Chef, Anführer
modschgan	murren
Mödung	Ausspruch
Momoo	der Schwarze Mann
Mos	Geld
Mua'l	Neger, Mohr
muaz- *(in Zusammensetzungen)*	rießengroß
d Muffm *gäd an*	Angst haben
mugl	groß
Mulatschak	feuchtfröhliches Fest
Mura	Plunder; Tadel

N

Nädsch	Pfennig (im übertragenen Sinn)
näga	abgebrannt, ohne Geld, arm
nidabrakn	niederwerfen, niederschmettern (auch im übertragenen Sinn)
nochwassan	nachprüfen, nachschauen
nosan	lauern
Nuasch	Futtertrog
Nu'ldruka	(Schmähwort, etwa:) kleinlicher Mensch
ned auf da Nu'lsuppm *daheagschwuman*	nicht von gestern
Nuudsch	Ferkel, Schwein

O

in Oasch	kaputt, verloren
a Oaschfoe	eine große Menge
um s Oaschlekn	um ein weniges, knapp
Oeda	Gatte, Verlobter; Vater; Herr, Chef; Kamerad (als Anrede)
Oede	Gattin, Verlobte; Mutter
d Oedn	Eltern
Oedschboz	(Anrede, etwa:) Kumpel, alter Freund
oesdan	nun, wohlan, also
oewäu, olawäu	stets, immer; immerhin, allemal
s is oha	damit ist nichts, das schlag dir aus dem Kopf; damit ist's zu Ende
in Öö	betrunken
oobei'ln	abschütteln (auch im übertragenen Sinn)
si wos oobeissn	etwas davon haben; Nutzen aus etwas ziehen
ooblaunkn	Schluß machen
ooboschn	sich entfernen, fliehen
oobussln	küssen
si oobuzzn	(auch:) mit etwas nichts zu schaffen haben wollen; den Unwissenden, Unbeteiligten, Un-

	schuldigen spielen
oodian	verdorren
oofäun	verfaulen
oofozzn	ohrfeigen
oogneissn	durchschauen, ertappen
oogragln	umbringen
oes oogrosn	die Gegend durchkämmen, überall suchen
oogrowen	betasten, befummeln
oogrozzn	(auch:) sterben
oogschian	abhalftern; abbauen, zerlegen
oojankan	schließen, Schluß machen (von Lokalen)
ookiifen	abknabbern
ooleeng	gestehen
oomaxln	umbringen
oonosan	dahinterkommen; erkennen
oopfäun	starten, flüchten
oopfludan	sterben
ooreissn	(auch:) sich entfernen; die Flucht ergreifen
ooreissn *wia r a Fiazkazwian*	Hals über Kopf davonstürzen
si oosäun	fortgehen
ooschä'ln	enthaupten
si wos ooschbikn	sich ein Beispiel nehmen; sich etwas absehen; etwas von jemandem lernen
ooschdian	berauben; jemandem die Taschen leeren
ooschdopm	durchschauen, ertappen
si ooschdru'ln	sich abmühen
ooschiam	das Feld räumen
si ole zeene ooschlekkn *kenan*	froh sein müssen
oozischn	sich entfernen
owawaschln	in Strömen regnen
owedrong	heruntermachen
owehaun	(auch:) betrügen, Ehebruch begehen
si owelossn	sich hinüberbegeben

P

pfeifm	schlafen
pflanzn	necken, höhnen
Pfludan	Pflaumenart

R

Randl	Weilchen
Realn	(auch:) Hosenbeine; Schienbeine; (im weiteren Sinn:) Beine
rean	weinen
Reankn	derbes Stück Brot
wem wos reim	(auch:) jemandem etwas geben
Reis *schdraan, da* Reis *gäd an*	sich ängstigen
in da Reissn *haum*	jemandem zusetzen, es auf jemanden abgesehen haben
Remasuri	Durcheinander, Unordnung
Rettich	Klosett
Rewach	Nutzen, Gewinn
Riad	Riede, Weinberg
roschben	(auch:) murren, schimpfen

Rozznschwaaf	Rattenschwanz
Ruam	Kopf; Rübe
Ruas	(auch:) Abschaum, Gesindel
wem d Rutschn *leeng*	jemandem alle Hindernisse aus dem Weg räumen

S

auf d Saaf *schdeing*	der Dumme, der Betrogene sein
Saafmsiada	(auch:) Waschmittelerzeuger
Safalade	Zervelatwurst, Gehirnwurst; (im übertragenen Sinn:) das Wesen des Safaladeschmääs (siehe dort)
Safalade-schmää	leicht durchschaubarer Trick, Bauernfängerei; geistreich sein wollender, aber öder Ausspruch; „Schmää" (siehe dort) minderer Qualität
Sakl	Sakko, Rock; Tüte
Saubei'l *schdingada*	(Schimpfwort, etwa:) kleinlicher und bösartiger Mensch
zan Saufiadan	reichlich, mehr als genug
sauwa	(auch:) ordentlich; sehr
wem in Schani *mochn*	jemandem dienen
auf d Schaufe *neman*	foppen
si schbäun	nicht zusammenpassen; klemmen, hemmend wirken; sich stauen (nicht von Flüssigkeit!)
Schbäze	Busenfreund
schbechdln	lugen, schauen
Schbogod	Bindfaden
Schbompana'ln	Geschichten, Ausflüchte, Umschweife; Unfug, nutzloses Getue
schdad	still
schdampan	fortweisen, wegscheuchen, wegschicken
Schdandl	Verkaufsstand
auf wem/wos schdee	lieben, gernhaben; große Stükke auf jemanden/etwas halten
wem wos schdekn	mitteilen, verraten (häufig von Geheimnissen)
in Schdekn *geem*	den Laufpaß geben
Schdessa	Ruck, Stoß; Anstoß; Befehl
s schdessd *an wos auf*	(auch:) es fällt einem etwas ein; sich erinnern
schdia	öd; ohne Geldmittel
schdingad *wean*	(auch:) böse werden, sich (über wen) ärgern
Schdokkal	Hocker
Schdraunzn	Bett
Schdrawanza	Tagedieb, Herumtreiber, Tunichtgut

Schdrizi	Zuhälter; (im weiteren Sinn:) Ganove, Taugenichts
in Scheam *aufhaum*	in der Tinte sitzen
Scheanglada	Schielender; Einäugiger
si a Scheazl *ooschneidn kenan*	sich ein Beispiel nehmen können; jemandem nicht das Wasser reichen können
wem s Scheazl *owareissn*	jemandem Vorwürfe machen
a Scheifal *nochleeng*	Öl ins Feuer gießen
in da Scheisgossn	in Schwierigkeiten, in übler Lage
Schekl	Essen
schekln	essen
Schenira	Hemmungen
schiach	häßlich; arg; übel
Schinakl	Boot
Schinaling	Hautabschürfung
a Schiwe	eine Menge
schlaazn	spucken
Schlamastik	üble Lage
di Schlapfm *aufschdön*	sterben
si schleichn	sich entfernen, das Feld räumen
Schlikk	Essen
schlikkn	essen
auf Schlogdreffm	unversehens; ohne Vorbereitung
Schmää	Trick; List; Lüge; Gefasel; Witz; Bonmot; Gleichnis; Scherz; Umschreibung; die spezifisch wienerische Art des Redens, die alle diese Elemente enthält – kennzeichnend für sie ist insbesondere, daß sie nie den Gegenstand direkt ansteuert, sondern sich ihm auf Umwegen nähert
Schmäädandla	Aufschneider; Lügner; Possenreißer
Schmää *fian*	plaudern
schmäähoewa	nicht ernst gemeint
schmääone	wirklich, tatsächlich
schmääschdaad	sprachlos
schmafu	unbekümmert, ohne Rücksicht auf Verluste
wos ned schmekn *kenan*	nicht riechen, nicht erraten können
ane schmian	ohrfeigen
Schmiraasch	Salbe
Schmoez	(auch:) Strafe, Gefängnisstrafe (bzw. Umfang derselben)
si wos schnizzn *kenan*	auf etwas verzichten müssen, etwas nicht erreichen, nicht bekommen
schnoezn	schnalzen; peitschen, schlagen
Schoetl	(Schimpfwort, etwa:) Schwachkopf, boshafter Tölpel
Schöla	Schale, Kleidung

iwa d Schreamsn	schief, quer, schräg; auf Umwegen; umständlich
Schroong	Gestell
neem d Schuach *gee*	Not leiden
si d Schuach *schmian*	sich zur Abreise fertigmachen; sich entfernen, ausziehen
schualn	laufen
Schuasdabuam *rengan*	wolkenbruchartig regnen
in Schwaaf *eizaan*	klein beigeben
wem aum Schwaaf *schdeing*	jemanden auf den Schlips treten
ka Schwaunz	niemand
schwindlich	benommen, schwindelig; geistesgestört; dumm
sein Seawas *owareissn*	(feierlich) grüßen
Seichal	(auch:) Feigling
Senxd	Sense
in Sofd *geen*	erzürnen
sot *sei*	von jemandem genug haben, verärgert sein
Sua	Salzlake

T

tschale	fort, verschwunden, abhanden
tschechan	trinken (Alkohol)
Tschecharei	Gelage
Tschik	Zigarettenkippe
tschinogln	schwer arbeiten
Tschuuschn	Balkanbewohner; Orientalen; (im weiteren Sinn:) Angehörige (nicht-farbiger) unterentwickelter Völker

U

uandlich	(auch:) sehr, ziemlich
ka Uawaschl *rian*	keine Reaktion zeigen, sich um etwas nicht kümmern
umadumschdrawanzn	sich herumtreiben
umadumschuasdan	herumpfuschen
umdetowian	umgestalten
wem umeheem	jemanden betrügen, für dumm verkaufen wollen
umeschdee	sterben
Ungusdl	unappetitlicher Mensch (vor allem im moralischen Sinn)
Untaleife	Untergebener, Hilfsperson
urassn	verschwenden, vergeuden

W

Wää	(Schmähwort, etwa:) Null, Niemand; von der Natur stiefmütterlich bedachte Person
wadschnaafoch	sehr einfach; sonnenklar
Wa'lbeissa	Heimtücker; Verleumder; je-